August Höglinger

Ruhe finden

Verlag A. Höglinger

Impressum:
Herausgeber und Verleger: Dr. August Höglinger
Lektorat: Textservice Johann Schnellinger, Linz
Druck: EURO PB s. r. o. Druckservice, Prokopská 8, CZ-26101 Příbram, www.europb.eu
Cover: pixelkinder, www.pixelkinder.com
Coverfoto: © pixelkinder
Satz und Layout: Friedrich Jung, A3 Werbeservice GmbH, Franckstraße 45, A-4020 Linz
Redaktionelle Bearbeitung: Dr. Georg Schildhammer

Bestellungen an den Verlag:
Dr. August Höglinger, Fröhlerweg 8, A-4040 Linz
Tel.: ++43 (0) 732/75 75 77
Fax: ++43 (0) 732/75 75 77 DW 4
E-Mail: office@hoeglinger.net
Internet: www.hoeglinger.net

ISBN 978-3-902410-14-6

Ruhe finden

Inhalt

Einleitung 7
Die Stufen unseres Bewusstseins 10
Stress – Einsatzkommando des Körpers 13
Vom guten und vom schlechten Stress 18
Stress, lass nach! 22
Die Anti-Stress-Strategie 25
Entspanne dich 35
Schlaflos im Bett 37
Ein guter Tag beginnt mit einem guten Morgen 38
Entspannt arbeiten 40
Unterwegs nachhause 41
Zeig Muskeln – die Jacobson-Methode 44
Mit allen Sinnen 50
Meditation – der Weg führt zur Mitte 58
Wie wirkt Meditation? 60
Wozu meditieren? 63
Der perfekte Ort 66
Haltung bewahren! 73
Ich meditiere, also bin ich 78
Wohin mit lästigen Gedanken? 82
Auch Meister üben 86
Entspannung bringt Entspannung bringt Entspannung... 89

Achtung! Loslassen! 92
Loslassen als (Über-)Lebensprinzip 95
Bewege dich und ernähre dich gesund! 102
Lass mich in Ruhe! 105
Das Wesen der Angst 105
Ruhe in Gott und ewige Ruhe 110

Männliche/weibliche Form im Text

Ich habe aus Gründen der besseren Lesbarkeit und Verständlichkeit des Textes nur eine Form der Anrede gewählt, und zwar die männliche, weil sie die gängigere ist. Diese steht stellvertretend für beide Geschlechter. Ich bitte alle meine Leserinnen und Leser um ihr Verständnis.

Einleitung

Vor ein paar Jahren gab es im Fernsehen einen Werbespot, ich weiß leider nicht mehr, zu welchem Produkt. Da konnte man eine Großfamilie um einen Tisch herum sitzen sehen: Vater, Mutter, Kinder, Großeltern, Enkelkinder und Urenkel. Alle, und zwar nicht nur die Kinder, schrien wild durcheinander und machten auf jede nur mögliche Art und Weise Lärm. Der Patriarch der Familie, der Urgroßvater, verzog den Mund vor Schmerzen ob dieser bunten Krawallkulisse. Als es ihm sichtlich zu viel wurde, griff er an sein Ohr – und schaltete einfach das Hörgerät aus. Sofort entspannten sich seine Züge, ein seliges Lächeln umspielte sein Gesicht; er schloss genießerisch die Augen, während die Welt um ihn herum im eigenen Chaos und Lärm zu versinken drohte.

Natürlich ist es kein Vorteil, das Hörvermögen zu verlieren. Wir wünschen uns vielmehr körperliche und geistige Fitness bis ins hohe Alter. Aber schön wäre es schon, wenn wir nur ab und zu eine magische „Fernbedienung" zur Hand nehmen und mit einem einzigen Knopfdruck für ein paar Momente der totalen Ruhe sorgen könnten ...

Wer regelmäßig durch Lärm gestört wird, ist nicht nur nervöser und kann sich weniger gut konzentrieren. Die Lärmforschung zeigt uns auch, dass lange andauernder Lärm zu psychischem und physischem Stress führen und unsere Gesundheit, und damit meine ich nicht nur unser Gehör, dauerhaft schädigen kann.

Als Menschen sind wir zwar, wie der antike griechische Philosoph Aristoteles bereits im 4. Jahrhundert vor Christus in seiner Schrift über die „Politik" feststellte, „Gemeinschaftstiere", brauchen und suchen daher die Nähe der anderen. Ab und zu jedoch benötigen wir auch ein wenig Stille und Einsamkeit, um wieder zu uns selbst zurückfinden zu können.

Es ist nicht leicht, der Hektik des Alltags zu entfliehen. Selbst in unserer Freizeit kommen wir nicht ganz davon los: Unsere Familie und unsere Freunde verlangen unsere Aufmerksamkeit, Beziehungen wollen gepflegt, Hobbys ausgeübt werden. Der totale Rückzug in eine Robinson-Crusoe-hafte Lebensweise (und immerhin hatte auch er irgendwann einen Kompagnon in Gestalt von Freitag) ist für uns nicht nur so gut wie unmöglich. Die totale und andauernde Abkehr von der Welt würde uns auch nicht wirklich guttun.

Das ist die andere Seite der Medaille: Wer sich zu sehr von der Welt und den übrigen Menschen abkapselt, wird zum Eigenbrötler und findet sich später, falls er es denn überhaupt wieder schafft, zurückzukommen, nur schwer wieder in die Gesellschaft ein.

Zu den Faktoren, die innere Unruhe verursachen, zählt aber nicht nur der Lärm. Wir putschen uns untertags und abends mit Kaffee, Alkohol und Zigaretten auf, um am nächsten Morgen unausgeschlafen und zermürbt wieder aufzustehen. Der Kreislauf beginnt von neuem. Zeit zum Ausspannen und zur Regeneration finden wir kaum – von zusätzlicher Förderung unseres allgemeinen Wohlbefindens durch regelmäßigen Sport gar nicht erst zu reden. Und was eine ausgeglichene Ernährung betrifft, die essenziell für unsere Gesundheit im Allgemeinen und wichtig für unsere Belastbarkeit im Alltag im Besonderen wäre: Die bleibt im täglichen Hecheln von einem Termin zum nächsten ohnedies meistens auf der Strecke.

Seit die Menschen von Hektik und Unruhe erfasst sind, versuchen sie, gezielt dagegen anzukämpfen. Eine Menge von Techniken und Tricks haben sie dabei entdeckt und kultiviert. Diese sind teils überwiegend oder zur Gänze auf den Körper bezogen (wie etwa die progressive Muskelentspannung nach Edmund Jacobson), teils auf Geist und Seele (zum Beispiel Meditation), teils auf beide Welten, die körperliche und die geistige (autogenes Training), ausgerichtet und bringen, bei regelmäßiger Anwendung, verblüffende Erfolge.

Ich möchte Ihnen in diesem Buch darüber erzählen, was uns umtreibt, uns Angst macht, uns stresst und belastet und wie wir mit Hilfe einfacher Übungen und des Mutes zum Schritt hinaus

aus den üblichen, ausgetretenen Pfaden zu innerer Ruhe und dadurch wieder zu uns selbst zurückfinden können.

Die Stufen unseres Bewusstseins

Im Alltagsgebrauch taucht der Begriff „Bewusstsein" regelmäßig in verschiedenen Zusammenhängen auf. Von „Gesundheitsbewusstsein" ist da etwa die Rede oder ganz allgemein davon, „bewusster zu leben". Sich „etwas bewusst machen" sagen wir, wenn wir darauf hinweisen wollen, dass wir einem Problem besondere Aufmerksamkeit widmen. Wir sprechen von „selbstbewussten" Menschen und meinen damit jene Zeitgenossen, die wissen, „wo es langgeht", die ihre eigenen Wünsche und Ziele kennen, sich also dieser und somit ihrer selbst „bewusst" sind.

Innerhalb der wissenschaftlichen Welt hat der Begriff des „Bewusstseins" seine präzise Definition und Verwendung. Die Bewusstseinsforschung orientiert sich dabei an physiologisch unterscheidbaren Zuständen des Gehirns. Diese Zustände werden anhand verschiedener Frequenzen der Gehirnwellen eingeteilt. Die Forscher kennen Alpha-, Beta-, Gamma-, Delta- und Thetawellen, benannt nach den ersten vier und dem achten Buchstaben des griechischen Alphabets. In unserem Gehirn werden zwar beinahe immer sämtliche oder zumindest die meisten Arten von Gehirnwellen produziert. Eine Wellenart herrscht dabei aber normalerweise vor.

Alphawellen schwingen im Frequenzbereich von zirka 7 bis 14 Hertz. Wenn sich unser Gehirn in diesem Zustand befindet, sind wir zwar geistig wach, körperlich aber sehr entspannt. In dieser ruhenden, bewussten Wachheit finden wir leicht Zugang zu dem, was wir in der Umgangssprache als „Unterbewusstsein" bezeichnen. Jetzt können wir es am leichtesten beeinflussen. Verschiedene autosuggestive Schulen beziehungsweise Methoden, die durch mechanische oder mentale Übungen auf Körper und Geist einwirken, bauen auf dem Gehirnzustand auf, der durch Alphawellen gekennzeichnet ist.

Mit *Betawellen* bezeichnet die Wissenschaft Schwingungen im Bereich von zirka 15 bis 35 Hertz. Der Zustand, der dabei entsteht, ist durch schwache bis starke Erregung charakterisiert. Jetzt laufen die bewussten, von unserem Intellekt gesteuerten Vorgänge ab. Wir nehmen bewusst wahr und konzentrieren uns – entweder auf unsere eigenen Gedanken und Probleme oder auf die Außenwelt. Dieser Gehirnzustand geht auch mit einer besonders hohen Ausschüttung an Stresshormonen einher.

Gammawellen, die durch Frequenzen jenseits von 30 Hertz beschrieben werden, sind der gehirnelektrische Ausdruck starker Konzentration. Sie treten etwa bei Lernprozessen auf.

Im traumlosen Tiefschlaf befinden wir uns, wenn unser Gehirn *Deltawellen* produziert. In Frequenzen zwischen 1 und 4 Hertz und damit am langsamsten schwingt unser Denkorgan dabei. In diesem Zustand größtmöglicher Ruhe können Körper und Geist sich maximal erholen.

Bei Frequenzen zwischen 4 und 7 Hertz spricht man von *Thetawellen*. Diese definieren den leichten Schlaf, in welchem unser „System" ebenfalls mit der Regeneration von Körper und Geist beschäftigt ist.

Die REM-Phase, ein Abschnitt im Tiefschlaf, der durch starke Augenbewegungen gekennzeichnet ist (daher auch ihr Name: REM steht für „rapid eye movements", also „schnelle Augenbewegungen"), weist sowohl Theta- als auch langsame Alphawellen auf. Besonders interessant an der REM-Phase, in der Blutdruck und Puls ansteigen, ist: Es kommt dabei auch zur Entstehung von Betawellen im Gehirn, die ja eigentlich die Wachphase definieren. Die Schlafforschung geht davon aus, dass in den REM-Phasen die Verarbeitung des Tagesgeschehens stattfindet. Das bedeutet einerseits, dass untertags aufgeworfene Probleme gleichsam nachbearbeitet werden. Andererseits werden jetzt Lernprozesse, die am Tag stattgefunden haben, weiterentwickelt und zu einem wichtigen Abschluss gebracht: Das Gelernte wird gespeichert. Zu diesen Erkenntnissen kam die Schlafforschung auf indirektem Weg, indem man Menschen, die man in Schlaflabors am REM-Schlaf hinderte (sie also immer dann aufweckte, wenn es zu REM-Phasen kam), am nächsten Tag auf ihre Konzentrations- und allgemeine Leistungsfähigkeit hin testete. Am REM-Schlaf gehinderte Probanden schnitten dabei schlechter ab als jene, die man in Ruhe ihre REM-Phasen absolvieren ließ. Eine wichtige Erkenntnis aus diesen Forschungen besteht darin, dass Medikamente, welche die Gehirnaktivitäten, die den REM-Schlaf auszeichnen, unterdrücken oder beeinflussen, also etwa Schlafmittel, mittlerweile kritischer beurteilt werden.

Bei Erwachsenen beansprucht der REM-Schlaf zirka 20 bis 25 % der gesamten Schlafdauer. Zu Beginn der Nacht wird nur wenig Zeit im REM-Schlaf verbracht, gegen Ende der Nacht nehmen sowohl Frequenz als auch Dauer zu. Der Hauptanteil unserer nächtlichen Träume findet übrigens in den REM-Phasen statt.

Stress – Einsatzkommando des Körpers

„Stress, lass nach!", stöhnen wir, wenn wir glauben, dass die Decke unserer beruflichen und privaten Verpflichtungen kurz davor steht, uns auf den Kopf zu fallen. Zu kompliziert, zu schnell, zu fordernd ist die heutige Zeit – das glauben wir zumindest. Aber hatten unsere steinzeitlichen Vorfahren wirklich ein angenehmeres Leben als wir, bloß weil sie keinen Terminkalender, keine missmutigen Vorgesetzten, keine anstrengenden Kunden hatten, kein Mobiltelefon, keine Geburtstagsfeiern und Freizeittermine, zu denen sie ihre Kinder zweimal die Woche in drei verschiedene Himmelsrichtungen bringen mussten?

Ich bin mir sicher: Auf ihre Weise hatten auch die Steinzeitmenschen ihren Stress! Selbst wenn er „nur" darin bestand, rechtzeitig und ausreichend Nahrung zu finden, dem Säbelzahntiger zu entkommen und Verletzungen und Krankheiten ohne Hochleistungsmedizin und Penicillin zu überleben.

Stress ist für die Menschen der Gegenwart ein Begriff, der gerne überstrapaziert wird. Zu schnell geben wir uns „gestresst". Dass es sich bei Stress, wissenschaftlich betrachtet, um ein natürliches und durchaus sinnvolles biologisches Phänomen, einen wirkmächtigen und äußerst hilfreichen Mechanismus handelt, ist uns meistens gar nicht bewusst.

„Fight or flight" lautet eine englische Redewendung und bringt die Situation auf den Punkt, in der sich ein Tier befindet, das plötzlich auf eine

Gefahrensituation, meist einen Feind, trifft. Je nach Einschätzung der eigenen Möglichkeiten und der Bedrohlichkeit des Gegenübers gilt es, in Sekundenbruchteilen eine Entscheidung zu treffen: dableiben und kämpfen oder doch lieber flüchten und das sichere Weite suchen.

Um alle Kräfte des Körpers zu mobilisieren – sei es für die Flucht, sei es für den Kampf –, laufen komplexe physiologische Reaktionen im Körper eines Tieres ab. Das trifft selbstverständlich auch auf den Menschen zu, denn er ist ja selbst ein Tier mit der entsprechenden physiologischen Ausstattung. So sendet unser Gehirn Signale, die zur Ausschüttung verschiedener Hormone, primär des Adrenalins, führen. Eine unmittelbare Folge davon sind die Steigerung des Blutdrucks, die Erhöhung des Blutzuckerspiegels sowie die stärkere Anspannung der Muskulatur. Unser Gehirn setzt Verdauung und Sexualfunktionen auf „Pause", um alle Energien auf die für das unmittelbare Überleben notwendigen Systeme zu konzentrieren. Wenn Sie gerade in einem Restaurant sitzen und genussvoll in Ihr Schnitzel beißen, hören Sie sofort damit auf und gehen automatisch in Alarmbereitschaft, wenn neben Ihnen ein Auto in die Hausmauer kracht.

Ein weiterer Effekt der biochemischen Mobilmachung, ausgelöst durch die Hormone Noradrenalin (anregend) und Serotonin (dämpfend), ist das Zurückdrängen der Großhirnaktivität – also der bewussten, reflexiven Vorgänge in Ihrem Kopf – zugunsten von durch das Stammhirn gesteuerten Handlungen. Diese sind zwar simpler, weniger differenziert und dadurch fehleranfälliger, weil schematischer; in den Jahrmillionen ihrer Evolution haben sie sich aber zu effizienten Mustern entwickelt, die blitzschnelle Reaktionen ermöglichen. Während wir andernfalls in einer Gefahrensituation erst unser Großhirn einschalten und überlegen müssten, was denn jetzt am besten zu tun wäre, übernimmt unser „Reptiliengehirn" kurzfristig das Kommando und tut das, was sich seit Urzeiten in Krisenmomenten bewährt hat. Würden wir dagegen langwierige Gedankenspiele treiben, wären wir schnell das Opfer unseres Angreifers. Die archaischen Reaktionsschemata, die durch das Notfallprogramm gestartet werden, retten uns ohne unser bewusstes Zutun. Zumindest aber bereiten sie uns bestmöglich auf die bedrohliche Situation vor.

Die erhöhte Muskelspannung in den Beinen macht uns bereit, einen schnellen Sprint aus der Gefahrenzone hinzulegen. Die größere Spannung der Armmuskulatur steigert unsere Chancen, aus einem Kampf als Sieger hervorzugehen, diesen wenigstens zu überleben.

Während in der Alarmphase in unserem Körper ein biochemischer Ausnahmezustand herrscht, bauen wir diesen in der Entspannungsphase wieder ab. Wir erholen uns langsam und atmen tief durch, sobald die Gefahr vorbei ist: Endlich haben wir unseren Termin beim Chef ohne Blessuren überstanden, der Säbelzahntiger hat es sich anders überlegt und ist nach seinem Kurzbesuch an unserem Lagerfeuer wieder im Urwald verschwunden.

Säbelzahntiger kreuzen in der Gegenwart eher selten unseren Weg. Und auch wenn unser Chef oder unser Kunde uns vielleicht manchmal ähnlich bedrohlich erscheinen mag, auffressen wird er uns wohl kaum.

Die physiologische Ausstattung, die uns zu Kampf oder Flucht befähigt, wird in unserem zivilisierten Umfeld durch ganz andere Reize ausgelöst als noch vor ein paar tausend Jahren – leider sehr oft durch künstliche Gefahren. Damit meine ich etwa verschiedene Giftstoffe in unserer Nahrung, aber auch solche, denen wir uns bewusst und freiwillig aussetzen, wie zum Beispiel Nikotin.

Auch physikalische Ursachen, wie etwa Lärm, können zum Auslöser für Stress werden. Besonders trickreich ist jedoch derjenige Stress (siehe das Beispiel mit unserem Chef), den wir uns selbst machen, indem wir eine Gefahr quasi herbeidenken. Wir haben ein mulmiges Gefühl in der Magengrube, wenn wir unterwegs sind zu einem wichtigen Termin: Das Alarmsystem startet durch. Wir glauben, irgendetwas Großartiges vollbringen zu müssen, und malen uns bereits vorab die Möglichkeiten unseres Scheiterns aus. Auch Mobbing und die Angst vor Arbeitsplatzverlust können zum Stressauslöser werden.

Da wir in den „Gefahrensituationen" der Jetztzeit weder flüchten noch kämpfen können (zumindest sollten wir nicht vor unserem Chef davonlaufen oder ihm eine runterhauen), werden die aufgebauten Stresshormone nicht auf natürlichem Wege wieder abgebaut. Das stellt eine physiologische Dauerbelastung dar.

Vom guten und vom schlechten Stress

Den schlechten Stress haben wir soeben kennen gelernt. Es ist derjenige, der uns unruhig und fahrig macht, unseren Körper und damit auch unsere Psyche belastet; vor allem, wenn wir ihn nicht unserer Natur entsprechend verarbeiten.

Es gibt aber auch eine gute Art von Stress. Es handelt sich dabei um den so genannten Eustress. Die aus dem Griechischen stammende Vorsilbe „eu" bedeutet „gut". Der Begriff „Eustress" geht auf den 1907 in Wien geborenen Mediziner und „Vater der Stressforschung" Hans Selye zurück. Bereits 1936 beschrieb und definierte Selye Stress.

Disstress, die negative Form von Stress, ist laut Selye nicht bloß unangenehm, sondern sogar krankmachend. Er entsteht bei Tätigkeiten, bei denen wir uns überfordert fühlen und in Hoffnungslosigkeit versinken. Der Disstress reduziert unsere körperlich-seelische Energie und unsere Lebensfreude. Belastungen empfinden wir als negativ, wir fühlen uns erschöpft und müde. Gefühle wie Ärger, Angst, Unsicherheit dominieren. Disstress ist Ausdruck unseres Handelns wider unsere ureigene, innere Natur. Laut einer aktuellen Studie der University of Washington ist Stress nicht nur ungesund, er beeinträchtigt auch das Lernvermögen und die Fähigkeit, Entscheidungen zu treffen. Dieser Effekt wirkt sogar noch Tage nach einer Stressphase.

Im Gegensatz zum negativen Disstress zeichnet sich Eustress durch seine positive, stimulierende Grundtönung aus. Dieser Stress wird von uns als angenehm und heilsam empfunden. Tätigkeiten, die uns Spaß machen und unser Herz mit Freude erfüllen, sind mit Eustress aufgeladen. Er aktiviert uns, bringt uns in Schwung. Belastungen nehmen wir nicht als solche wahr, ganz im Gegenteil: Wir fühlen uns frisch, stark und voller Tatendrang. Wir wollen hinaus in die Welt und es am liebsten allen zeigen. Im Zustand des Eustresses sind wir mit unserem Innersten im Einklang und mit der Welt um uns herum im Reinen. Positive Gefühle wie Freude und Dankbarkeit durchströmen uns.

Sprechen wir von Stress, so meinen wir üblicherweise den negativen, den so genannten Disstress.

Paradoxerweise kann auch eine Unterforderung zu solch negativem Stress führen. Wenn wir keine Aufgaben haben, die uns fordern und anregen, führt dies auf indirektem Wege zu Belastung. Die Lösung: Wir müssen eine Art Schwebezustand zwischen zu viel und zu wenig Stress, eine mittlere Position, anstreben.

Wenn wir keine Belastung verspüren, sind wir von einem Gefühl der Leere erfüllt, das leicht zu Frustration und mangelnder Anteilnahme führen kann. Mit zunehmender Herausforderung – wir nähern uns jetzt dem idealen Mittelpunkt zwischen zu wenig und zu viel Stress – werden wir wacher und aufmerksamer. Unsere Kreativität wird geweckt und wir kommen langsam auf Betriebstemperatur. Körperliche Gesundheit und psychisch-mentale Leistungsfähigkeit erreichen ihren Höhepunkt. Drehen wir den „Belastungsknopf" jedoch über diesen Punkt hinaus weiter auf, kippt das System wieder. Die Konsequenzen sind mangelnde Entschlussfähigkeit, zunehmende Müdigkeit und eine Abnahme unserer Leistungsfähigkeit. Schließlich führt diese Überforderung zu physischen und psychischen Erkrankungen, die schlussendlich in das so genannte Burn-out-Syndrom münden können.

Durch ständiges Nichterreichen von Zielen entsteht eine permanente Frustration, die uns in einen Dauerzustand der Erschöpfung und Niedergeschlagenheit versetzt. Schuldgefühle und

Versagensängste bringen uns dazu, uns noch weiter von der Welt zurückzuziehen, was uns wiederum die Möglichkeit nimmt, uns zu bewähren. Ein gefährlicher Kreislauf kann hier seinen Anfang nehmen. Physische Kennzeichen des Burn-outs sind beispielsweise Schlafstörungen, Kopfschmerzen, Magenkrämpfe und verschiedene andere organische Dysfunktionen. Sogar das Immunsystem kann unter diesem durch Stress induzierten Phänomen leiden, was wiederum das Risiko steigert, auf verschiedene Weise zu erkranken.

Burn-out kennt keine Altersgrenze und trägt kein soziales „Etikett". Pensionisten können ebenso betroffen sein wie Schüler, Workaholics zählen zu seinen Opfern, aber auch Arbeitslose. Die Ursachen dafür können außerhalb des Betroffenen liegen, also etwa im privaten oder beruflichen Umfeld. Sie können aber auch bei ihm selbst gefunden werden, wobei es hier reale oder mehr oder weniger konstruierte Gründe geben mag. So kann eine schlechtere Ausbildung als Auslöser von Versagensängsten einen realen Grund darstellen. Perfektionsstreben hingegen ist wohl eine über das Ziel hinausschießende Ursache. Denn niemand ist perfekt, und daher verlangt auch keiner, dass man selbst es sein müsse.

Stress, lass nach!

Amerikanische Wissenschafter haben eine Tabelle erstellt, um das Ausmaß an Stress festzustellen, das von verschiedenen Faktoren verursacht wird. Auf dieser Liste von Stressoren finden sich sowohl physische, psychische als auch soziale Vorkommnisse, die nach einem Punktesystem bewertet werden. Natürlich lassen sich Menschen aufgrund der individuellen Unterschiede ihrer Persönlichkeit nicht von allen untersuchten Faktoren im selben Ausmaß beeinflussen.

Stressbereitschaft hängt von vielen Dingen ab, etwa von der physischen und psychischen Gesundheit und somit Widerstandsfähigkeit. Nicht unwesentlich sind auch unsere fachlichen, sozialen und emotionalen Fähigkeiten sowie unsere Einstellungen zu all jenen Ereignissen, die potenziell stressauslösend sind. Wer besser ausgebildet ist, wird konsequenterweise mit einem Arbeitsplatzwechsel besser zurande kommen als ein weniger gut Ausgebildeter. Für Menschen, die den Wert physischer Beweglichkeit höher ansetzen als jenen geistiger Betätigung (zum Beispiel Hobby- oder, noch stärker, Profisportler), ist die kurzfristige oder dauerhafte Einschränkung ihrer Bewegungsfreiheit, etwa nach einem Unfall, stärker stresserzeugend. Untersuchungen haben gezeigt, dass mit steigendem Stress zugleich auch die Anfälligkeit für Krankheiten zunimmt.

Die Gefahrenschwelle liegt bei zirka 200 Stresspunkten.

An oberster Stelle der Liste all jener Faktoren, welche die amerikanischen Wissenschafter als Stressauslöser identifiziert haben, steht der Tod eines Ehepartners mit 100 Stresspunkten. Der Verlust desjenigen Menschen, der uns am nächsten steht, mit dem zusammen wir beschlossen haben, unser Leben zu verbringen, trifft uns am härtesten. Aber auch die Scheidung (73 Stresspunkte) oder Trennung von einem Partner (65 Stresspunkte) rangiert in der Aufstellung weit oben. Etwa gleich hoch ist der Stressfaktor beim Tod eines Familienangehörigen (63 Stresspunkte). Der Tod eines Freundes verursacht zwar auch Stress bei uns, jedoch bei weitem nicht in so starkem Ausmaß: 37 Stresspunkte.

Sie sehen, dass sich hier eine gewisse Rangordnung abzeichnet: Je näher uns Menschen stehen, desto schwerer fällt es uns, mit ihrem Verlust umzugehen; wobei Verlust hier nicht nur denjenigen durch Tod, sondern auch den durch Trennung meint.

Eigene Verletzung oder Krankheit führt ebenfalls zu Stress. Laut Forschern heißt das 53 Stresspunkte auf der Skala.

Ob Sie es glauben oder nicht: Auch positive Ereignisse können Stress auslösen! Eine Hochzeit (gemeint ist wahrscheinlich die eigene) schlägt mit immerhin 50 Stresspunkten zu Buche. Da ist der Ärger über die mitgeheiratete Verwandtschaft (39 Stresspunkte) harmlos dagegen ...

So wie die Nähe der Menschen zu uns und die Art und Weise, wie wir von ihnen getrennt werden, entscheidend dafür sind, wie viel Stress uns durch diesen Verlust entsteht, ist dies beim Arbeitsplatzverlust oder -wechsel ähnlich: Ist der Vorfall unumkehrbar, stresst er uns mehr. Haben wir selbst den Berufswechsel aktiv und freiwillig angestrebt, können wir besser damit umgehen. So bringt der Verlust des Arbeitsplatzes 47 Punkte auf der Stressskala, während der Berufswechsel nur 36 Stresspunkte verursacht.

Apropos Berufswechsel: Der Arbeitsplatz unserer Kinder ist die Schule. Wenn wir uns das Recht nehmen, uns von der Arbeit stressen zu lassen, müssen wir das auch unserem Nachwuchs zugestehen. Schulbeginn und -abschluss schlagen sich mit je 26 Punkten auf der Stressliste nieder, der Wechsel in eine andere Schule nur mit 20 Stresspunkten. Wahrscheinlich wäre der Verbleib in der alten Schule stressiger gewesen ...

Viele sehnen die Pension herbei, weil sie davon träumen, endlich all das tun zu können, was sie im Lauf ihrer beruflich aktiven Zeit aus Zeit- und Geldgründen nicht tun konnten. Tatsache ist: Der Wechsel in den Ruhestand bringt, zumindest im ersten Moment, 45 Stresspunkte mit sich.

Der Klassiker unter den Stressauslösern sind natürlich die jährlich wiederkehrenden Familienfeiern. Der „Favorit" ist eindeutig Weihnachten. Die schönste Zeit des Jahres bringt nicht nur eine Unzahl an Geschenken, Punsch und Kekse, sondern auch 13 Stresspunkte.

Die Anti-Stress-Strategie

„Einsicht ist der erste Schritt zur Verbesserung!", lautet ein bekanntes Sprichwort. Nun habe ich Ihnen eine kurze Übersicht über wichtige Stressfaktoren geboten (die gesamte Liste umfasst rund 40 Begriffe). Was für Sie die wichtigsten Gründe sind, in Stress zu geraten, müssen Sie selbst herausfinden.

Um Ihre Stressoren in den Griff zu bekommen, müssen Sie sich diese zunächst einmal bewusst machen. Hilfreich dazu ist es, eine Liste anzufertigen. Am besten, Sie verwenden einen Computer und fügen in ein Word-Dokument eine Tabelle mit 2 Spalten und mehreren Zeilen ein. In die linke Spalte tragen Sie all das ein, was bei Ihnen Stress verursacht. Sobald Sie alles aufgeschrieben haben, was Ihnen eingefallen ist, wird es Zeit, die rechte Spalte zu füllen. Dort tragen Sie nun alles ein, was Sie gegen die jeweiligen Stressfaktoren auf der linken Seite Ihrer Liste tun könnten. Es sollte sich dabei um möglichst konkrete Maßnahmen handeln. Dem Eintrag „Mein Chef" auf der linken Seite sollten Sie rechts nicht einen Eintrag wie diesen: „Ich werde mich weniger von meinem Chef stressen lassen" gegenüberstellen. Denn das wäre ein Beispiel für eine sehr unkonkrete, ohnehin selbstverständliche Maßnahme.

Zusätzlich zu dieser zweispaltigen Tabelle fügen Sie noch 5 leere Zeilen ein. Sie können diese mit Strichlinie in Ihr Word-Dokument eintragen. Nummerieren Sie die 5 Zeilen von 1 bis 5 durch. Nun denken Sie darüber nach, was Sie tun könnten, um weniger stressanfällig beziehungsweise ruhiger und gelassener zu werden.

Der Grund für diese Unterteilung ist schnell erklärt: Die obere Tabelle beschreibt aktuelle Probleme und konkrete, auf diese Fälle bezogene Lösungen. Die Liste der 5 wichtigsten Maßnahmen zielt dagegen darauf ab, uns selbst im Allgemeinen stressresistenter zu machen und damit auf künftige Situationen besser vorzubereiten.

Ich möchte Ihnen ein paar Möglichkeiten skizzieren, mit deren Hilfe Sie Stress wirkungsvoll in den Griff bekommen können. Dabei unterscheide ich zwischen dem aktiven Abbau von Spannungen (beziehungsweise von Stresshormonen) dort, wo sie schon vorhanden sind, und vorbeugenden Maßnahmen, die verhindern, dass überhaupt Stress (oder zu viel davon) aufkommt.

Wie schon eingangs erwähnt, kommt Stress vor allem durch reale (oder eingebildete) Gefahren zustande. Der physiologische Alarmzustand, der uns zu Kampf oder Flucht befähigt, kann also auch auf körperliche Weise wieder abgebaut werden. Dazu können Sie treten (bitte nicht Ihre Kollegen im Büro!), mit den Füßen auf dem Boden aufstampfen (aber suchen Sie sich dazu bitte einen Ort, wo Sie unbeobachtet sind), spazieren gehen, laufen, Fußball spielen, Rad fahren ...

Sie können Ihre Armmuskulatur, die ja auch auf einen bevorstehenden Kampf hin aktiviert worden ist, zum Einsatz bringen, indem Sie Tennis oder Squash spielen, mit den Fäusten auf den Tisch schlagen, boxen, ein Kopfkissen malträtieren oder (falls Sie die Möglichkeit dazu haben) Holz hacken. Sie sehen: Der Stressabbau lässt sich durchaus zu Sinnvollem nützen! Türen zuschlagen ist zwar auch eine effektive Methode, Dampf abzulassen; aber Sie sollten es nur dann tun, wenn es wirklich keine andere Möglichkeit gibt. Im Büro würde ich davon jedenfalls abraten.

Für Ihre Gier danach, Ihren Gegner zu beißen (unsere Urahnen haben das wahrscheinlich wirklich gemacht), können Sie sich auch Ersatz suchen: Beißen Sie einfach in einen Apfel oder kauen Sie Kaugummi. Fingernägelbeißen mag auch funktionieren, sieht aber ungleich weniger schön aus.

Anstatt den Aggressor zu würgen, wringen Sie lieber ein nasses T-Shirt nach dem Laufen aus. Das baut Spannungen sehr gut ab!

Schreien hilft immer. Haben Sie das schon einmal ausprobiert? Ein herrlich befreites Gefühl macht sich in der Brust breit, wenn man einmal die Sau so richtig rauslässt und drauflosbrüllt. Aber auch hier gilt: Bitte, bitte nicht am Arbeitsplatz – in Ihrem eigenen Interesse und in dem Ihrer Kollegen.

Neben diesen sehr ausdrucksstarken Varianten, Stress abzubauen, gibt es eine Vielzahl anderer, die leiser, unauffälliger daherkommen: autogenes Training etwa oder die progressive Muskelentspannung nach Jacobson. Auch Yoga gehört hier erwähnt. Eine weniger anstrengend und gleichsam von selbst ablaufende Methode körperlichen Stressabbaus ist der Schlaf.

Bei den geistigen Übungen, durch die es uns gelingt, unseren Stress zum Verschwinden zu bringen, steht an oberster Stelle die Meditation. Sie ist eine der wirkungsvollsten Methoden zur Entspannung. Menschen, denen ich von der Kraft der Meditation zum Abbau von Stress erzähle, fragen mich sofort: „Wie soll das funktionieren, wo ich mich dabei doch gar nicht bewege?" Das stimmt, ist aber dennoch falsch. Erstens bewegt man sich doch, zumindest ein wenig, da durch Dehnen und Zusammenziehen die angrenzende Muskulatur in Bewegung gerät. Zweitens bewegt der Atem den Körper und wirkt beruhigend auf unsere Physiologie ein. Ich werde später noch genauer auf die verschiedenen körperlichen und mentalen Techniken eingehen.

Schalten Sie abends gerne den Fernseher ein und lassen sich berieseln? Schade! Eine Möglichkeit, Stress abzubauen (Fernsehen gehört nicht wirklich dazu!) besteht darin, Dinge zu tun, die Ihnen Spaß machen, Sie mit Freude erfüllen. Viele Menschen sagen: „Ich habe keine Zeit!", wenn ich sie danach frage, wann sie ihre Hobbys das letzte Mal ausgeübt haben. Aber wenn ich sie dann frage, ob sie abends Zeit vor dem Fernseher verbringen, geben das fast alle zu. Stellen Sie eine Liste all jener Tätigkeiten zusammen, die Ihnen Freude machen. Freude ist der beste Trick gegen Stress!

Erfolgserlebnisse sind ebenfalls wichtige Quellen von Freude. Um Erfolge im Berufs-, aber auch im Privatleben zu haben, sollten Sie eine wichtige Regel beachten: Fordern Sie sich, aber überfordern Sie sich nicht! Um etwas zu erreichen und sich über das Erreichte freuen zu können, müssen Ihre Ziele realistisch sein. Das ganze Haus an einem Tag aufzuräumen, ist unrealistisch. An so einer Aufgabe müssen wir scheitern, was schon während des Versuches zu unglaublichem Stress führt. Wenn wir uns aber vornehmen, ein Wochenende dem Keller, ein weiteres dem Dachboden zu widmen (oder Teilen davon), haben wir überschaubare Aufgaben und genießen das Gefühl des Erfolges, wenn wir sie bewältigen.

Apropos Aufgaben: Vielen Menschen bereitet es Stress, keine Aufgaben, keine Ziele zu haben. Überlegen Sie, was Sie gerne tun, was Sie erreichen möchten. Setzen Sie sich sinnvolle Ziele, Dinge, die Ihnen, Ihrer Familie etwas bedeuten, Spaß machen. Wer in den Tag hineinlebt, ohne Sinn und Zweck, erleidet wahrscheinlich keine Niederlagen. Höhenflüge wird er aber auch nicht gerade erleben. Das Ergebnis: Monotonie stellt sich ein. Fordern Sie sich heraus und erleben Sie die anregende Wirkung von Aufgaben, die Sie selbst sich vorgeben!

Vorausschauend fahren heißt es im Straßenverkehr, denn wer das tut, kann sich eine Menge an Risiko ersparen. Ähnlich verhält es sich auch in Bezug auf Stress. Wer vorausschauend lebt, erspart sich die eine oder andere Stresssituation. Eines ist nämlich klar: Stresshormone, die gar nicht erst entstehen, müssen später auch nicht wieder abgebaut werden!

Am wichtigsten ist es, dass Sie immer Herr über Ihre Zeit sind. Planen Sie voraus, bauen Sie Knautschzonen ein, Sicherheitspolster zwischen den einzelnen Terminen, damit Sie nicht ins Schleudern kommen und sich stressen müssen. Das gilt im Berufsleben genauso wie im Privatleben. Versuchen Sie, Fehler zu vermeiden. Wenn sie aber passieren (und niemand ist davor gefeit), nehmen Sie diese hin und zeigen Sie sich gelassen. „Aus Fehlern kann man lernen!", sagt bekanntlich der

Volksmund und tut große Wahrheit damit kund. Wenn wir Fehler als Denkanstoß sehen, um beim nächsten Mal klüger zu handeln, werden wir unser heutiges Versagen zur Grundlage unserer Siege von morgen machen.

Ärgern Sie sich nicht – zumindest nicht zu oft! Ärgern hilft Ihnen nicht weiter. Wie denn auch? Wer sich ärgert, gibt den Dingen, die zu Groll führen, größere Macht über sich selbst, als sie ohnehin schon haben. Beim Einschlagen eines Nagels danebenzuhauen, dafür aber mit voller Wucht auf den Daumen(nagel), ist schon schlimm genug. Warum sollten Sie sich da noch zusätzlich über Ihr Missgeschick aufregen? Ich weiß, es ist sehr schwer, so eine „coole" Einstellung zu haben. Denn es erfordert eine kritische Distanz zu uns selbst und zu den Dingen, die uns widerfahren. Aber wir können diese Haltung lernen und damit auf Dauer besser fahren.

Eng verbunden mit dieser nüchternen Zugangsweise zu unseren eigenen Hoppalas ist die realistische Einschätzung der Welt und der Menschen um uns herum: „Nobody is perfect!", das sagt sich leicht, aber leben wir immer gemäß dieser Tatsache? Wenn wir unsere Erwartungen an eine perfekte Welt auf ein Maß zurückstutzen, das die Wirklichkeit korrekt widerspiegelt, gehen wir mit all den „schrecklichen" Ereignissen und all den schwachen Menschen um uns herum wesentlich ruhiger und gelassener um – zum eigenen Nutzen!

Es lohnt sich, gelegentlich unsere Einstellungen, Erwartungen und Werte zu überprüfen. Passen sie (noch) zu der Welt, in der wir leben? Oder sollten wir sie nicht lieber ein wenig verändern, präzisieren oder ganz aufgeben, weil sie uns mehr schaden, als unser Leben zu erleichtern?

Sie müssen kein Yogi sein und auch kein Profi in Meditation. Das tägliche Leben bietet eine ungeahnte Menge an kleinen Tricks, mit denen wir unsere Stressresistenz erhöhen können.

Hier eine kleine Auswahl:

- Nehmen Sie ein warmes Bad! Es entspannt Körper und Seele, am besten mit duftendem Badezusatz.
- Eine heiße Dusche tut es natürlich auch, wenn Sie weniger Zeit haben.
- Die Finnen sind uns nicht nur bei der PISA-Studie voraus, sie haben der Welt auch eines der größten Geschenke für Gesundheit und Wohlbefinden gemacht – die Sauna! Gehen Sie mindestens einmal pro Woche dorthin. Der Wechsel aus Hitze und Kälte (beim Abduschen), das Ausschwitzen von Schlacken, der entspannende Effekt auf Körper und Geist – wunderbar!
- Wer genießt es nicht, gestreichelt zu werden? Lassen Sie sich streicheln! Das fühlt sich nicht nur gut an, sondern tut auch Ihrer Seele gut.
- Umgeben Sie sich mit angenehmen Farben und

Düften. Laut Farbpsychologie wirken besonders Grün und Blau entspannend. Duftkerzen und Duftöle zaubern ein eigenes Ambiente, je nach Geschmack und Essenz können Sie sich von Düften anregen oder entspannen lassen.

- Sanfte, ruhige Hintergrundgeräusche – sei es Musik (am besten reine Instrumentalmusik, da Gesang ablenkend wirken kann), sei es der regelmäßige Schlag einer Pendeluhr, seien es echte oder künstlich hergestellte Naturgeräusche (das geht auch im Büro oder in der Wohnung, etwa in Gestalt eines Zimmerbrunnens) – sorgen für Wohlbefinden.
- Stichwort „Natur“: Der Gang ins Freie, das ziellose Herumflanieren in der Natur und das Genießen ihrer Schönheit wirken äußerst entspannend! Hören Sie auf das Zwitschern der Vögel, das Summen der Insekten, das Rauschen der Blätter, die der Wind bewegt. In der Natur gibt es Orte der Ruhe, Sie werden sie bestimmt kennen: eine Lichtung im Wald; ein kleines Bächlein, das leise dahinplätschert; ein großer Fels mitten in einer Blumenwiese; ein dichter Wald mit dicken Stämmen; der Gipfel eines Berges. Eine ganz eigene Stimmung fängt uns an solchen Plätzen ein. Es ist beinahe so, als würde alles um uns herum – jeder Grashalm, jeder Baum, jeder Stein – sich darum bemühen, uns ein gutes Gefühl zu geben. Finden Sie Ihre Ruhepunkte und suchen Sie diese immer wieder auf!
- Die Beschäftigung mit Tieren – etwa Hunden, Katzen, Pferden –, Ihr Geruch, ihr warmes, wei-

ches Fell, die Art, wie sie sich an uns schmiegen, wirken Wunder gegen Stress!

- Wer den Weg ins echte Grüne nicht schafft, weil er in der Stadt unterwegs ist, kann sich der Natur auf andere Weise nähern: durch einen Besuch im nächsten Museum! Naturalistische Landschaftsgemälde und Stillleben führen unseren Geist mit sich fort und entreißen uns für ein paar Minuten dem grauen Alltag. Wer auf dem Weg von einem Termin zum nächsten keine Zeit für einen Museumsbesuch hat, schafft es vielleicht, für 5 Minuten in eine Kirche zu gehen und die Stille auf sich wirken zu lassen.
- Gute Gedanken zu denken, kann Stress reduzieren. Erinnern Sie sich an schöne Erlebnisse, an Ihre beruflichen oder privaten Erfolge, ihren letzten Urlaub, einen lustigen Abend mit Ihrer Familie oder mit Freunden, ein tolles Theaterstück.
- Eine Möglichkeit, die Sorgen und Nöte des Alltags hinter sich zu lassen und ganz in eine andere Welt einzutauchen, ist die künstlerische Betätigung. Selbst kreativ zu sein, mit den eigenen Händen etwas zu schaffen, ist eine ganz wunderbare Angelegenheit. Es ist dabei egal, ob Ihre Hervorbringungen den Ansprüchen der Fachwelt standhalten. Wie der Begriff „Amateur" schon besagt, geht es dabei nicht um Perfektion, sondern um die Liebe zu einer Tätigkeit. Malen Sie drauflos! Schreiben Sie! Basteln Sie! Lassen Sie Ihr Unterbewusstsein aus dem

Käfig und seien Sie überrascht, wie gut Sie sich dabei fühlen!

Entspanne dich ...

Erste Hilfe kann Leben retten. Erste Hilfe bei Anspannung und Stress ist aber fast genauso wichtig. Was tun, wenn Sie einmal so richtig angespannt, verärgert, nervös sind? Mit einer Handvoll kleiner Tricks bekommen Sie das sofort wieder in den Griff:

- Tief durchatmen.
- Sich selbst auf die Brust klopfen.
- Langsam bis 10 zählen.
- Ein Gedicht aufsagen.
- Ein Lied singen.
- Beten.
- Auf ein Blatt Papier lauter Achten malen.
- Die Fäuste ballen und wieder loslassen.
- „Ruhig, ruhig, ruhig" sagen.
- Sich abwechselnd vorstellen: schwer wie ein Stein (und dabei die Muskeln anspannen), leicht wie eine Feder (und dabei die Muskeln wieder entspannen).
- Musik hören – am besten Ihr Lieblingslied; Sie sollten es immer bei der Hand haben. (Vielleicht laden Sie es auf Ihr Handy.)
- Einen Ort der Ruhe und Einsamkeit aufsuchen. Lachen Sie nicht: zum Beispiel ein WC – das

finden Sie überall.

- Stiegen steigen.
- Weinen. (Wir wurden dazu erzogen, nicht zu weinen, weil es als Ausdruck von Schwäche gilt; weinen hilft aber, loszulassen. Versuchen Sie es.)
- Ein beruhigendes Bild ansehen. (Sie könnten ein Urlaubsfoto in Ihrer Brieftasche mit sich führen.)
- Lächeln.

Die Psychologin Vera F. Birkenbihl empfiehlt: Wenn Sie frustriert und angespannt sind, zwingen Sie sich zu einem einminütigen Lächeln. Ziehen Sie die Mundwinkel nach oben, auch wenn Ihnen gerade nicht danach ist. Es funktioniert! Der Grund für diesen überraschenden Effekt: Ihr Gehirn wird dabei ausgetrickst und „denkt", Sie hatten einen Grund zu lächeln. Dadurch kommt es zu einer Kettenreaktion, die dabei hilft, die Stresshormone wieder abzubauen und sich zu entspannen.

Dass unser Lächeln andere Menschen ansteckt, die dann wiederum uns mit ihrem Lächeln erfreuen, ist ein angenehmer Nebeneffekt.

Eine alte chinesische Weisheit lautet: „Das Lachen, das du aussendest, kommt tausendfach zurück!"

Schlaflos im Bett

Unser Körper, aber auch unsere Psyche benötigen den Wechsel zwischen Aktivität und Ruhe. Diese Balance ist bei gestressten, überlasteten Menschen gestört. Zuständig für den Schlaf-Wach-Rhythmus ist das autonome Nervensystem. Durch so genannte eutonische Übungen können wir dieses System unterstützen. Der Begriff „Eutonie" setzt sich aus der griechischen Vorsilbe „eu", das heißt „gut", und „tonos", das bedeutet „Spannung", zusammen.

Übung 1: Passive Beine und Arme

1. Dazu legen Sie sich auf den Boden oder ins Bett. Sie sollten auf einer harten Unterlage liegen, denn eine weiche verleitet dazu, die Muskeln anzuspannen. Außerdem nehmen Sie so das Gefühl des Getragen-Werdens besser wahr.
2. Heben Sie das rechte Bein 2 bis 3 Zentimeter von der Unterlage ab. Spüren Sie das Gewicht Ihres Beines. Wenn Sie glauben, dass es so schwer geworden ist, dass Sie es nicht länger halten können, lassen Sie es zurück auf die Unterlage sinken.
3. Wiederholen Sie diesen Vorgang mehrmals, wobei Sie einmal das rechte, dann das linke Bein heben. Heben Sie dann beide Beine.
4. Führen Sie die gleiche Übung anschließend mit den Armen durch.

Übung 2: Wahrnehmen der Berührung mit der Unterlage

1. Spüren Sie Ihren Körper auf der Unterlage (allein durch diese Wahrnehmung wird die Muskelspannung reduziert).
2. Machen Sie sich bewusst: Wie locker und gelöst sind meine Arme, mein Rumpf, mein Becken, meine Beine? Wie entspannt ist mein Kehlkopf?

Apropos Kehlkopf: Ein Geheimtipp ist das totale Entspannen Ihrer Stimmbänder. Singen Sie sich müde!

Ein guter Tag beginnt mit einem guten Morgen

Eine große österreichische Tageszeitung hat vor nicht allzu langer Zeit damit geworben: „Ein guter Tag beginnt mit der besseren Zeitung!" Ich bin der Meinung: Ein guter Tag beginnt mit einem guten Morgen. Wer richtig in den Tag startet, hat ihn schon zur Hälfte gewonnen!

Die folgenden Übungen sollen Ihnen dabei helfen, wach zu werden und beschwingt in Ihren Tag hineinzuspazieren:

- Stellen Sie sich aufrecht hin und spüren Sie den Kontakt Ihrer Füße mit dem Boden.

- Klopfen Sie Ihren gesamten Körper von oben bis unten ab.
- Streichen Sie sich mit den Händen die Falten aus dem Gesicht.
- Streifen Sie mit den Fingerspitzen beider Hände durch das Haar, beginnend seitlich an den Schläfen.
- Lassen Sie den Kopf zur Brust sinken und drehen Sie ihn dann abwechselnd nach links und nach rechts.
- Rollen Sie die Schultern im Kreis, wechseln Sie dabei immer wieder die Richtung.
- Beugen Sie Ihren Oberkörper nach vorne (die Beine müssen Sie dabei, wenn Sie es nicht schaffen, nicht durchstrecken), bis Sie mit den Fingerspitzen oder Handflächen den Boden berühren können. Verweilen Sie kurz in dieser Position und richten Sie sich dann langsam wieder auf.
- Kreisen Sie mit dem Becken, halten Sie dabei Oberkörper und Beine möglichst ruhig.
- Steigen Sie auf dem Stand so, als würden Sie eine Leiter oder eine steile Stiege emporsteigen. Strecken Sie die Beine dabei ganz durch und stellen Sie sich auf die Zehenspitzen.
- Belasten Sie das linke Bein und spreizen Sie die Zehen des rechten Fußes ab. Bewegen Sie die abgespreizten Zehen möglichst im Kreis. Dann kommt der andere Fuß dran.
- Stampfen Sie mit den Füßen auf und schreien Sie dabei.
- Legen Sie sich kurz ausgestreckt nieder und

spüren Sie den Kontakt Ihres Körpers mit dem Boden.

- Heben Sie Ihre Knie langsam nach oben, so, als würden Sie von einem unsichtbaren Faden in die Höhe gezogen werden. Jetzt lassen Sie die aufgestellten Beine erst nach links umfallen und verweilen Sie kurz in dieser Position. Dann drehen Sie sie wieder zurück in die Ausgangsposition, von wo aus Sie sie nun nach rechts umfallen lassen. Wiederholen Sie die Übung mehrmals.
- Zum Schluss rollen Sie langsam zur Seite und stehen Sie mit möglichst wenig Kraft- und Energieaufwand auf.

Entspannt arbeiten

Mindestens ein Drittel unseres Tages verbringen wir am Arbeitsplatz, meistens ist es mehr, denn ohne Überstunden geht heute so gut wie niemand mehr nachhause. 8 Stunden am Stück zu arbeiten schafft kein Mensch, ohne sich zwischendurch ein wenig Erholung zu gönnen. Wissenschaftliche Untersuchungen haben gezeigt, dass wir nach einer bis eineinhalb Stunden konzentrierter Arbeit eine mindestens 5- bis 10-minütige Pause benötigen.

Wer diese Tatsache ignoriert, weil er glaubt, übernatürliche Leistungen vollbringen zu müssen, wird das genaue Gegenteil davon erreichen. Wer keine Pausen einlegt, wird unkonzentriert, macht zunehmend Fehler, kommt abends total „erledigt" nachhause. Wenn Sie zwischendurch Entspannungsübungen machen, Ihr Büro kurz durchlüften, um wieder Sauerstoff zu bekommen, und Ihren Geist frei schweben lassen, können Sie anschließend umso frischer und mit neuer Konzentration an die Arbeit gehen. Die meisten Übungen, die ich auf den letzten Seiten beschrieben habe, eignen sich zur kurzen Erholung am Arbeitsplatz.

Sie können Stiegenhaus und Treppengeländer für Dehnungsübungen oder zum lockeren Auf-und-ab-Laufen nützen, um Ihren vom Sitzen ermatteten Kreislauf wieder in Schwung zu bringen. Plaudern Sie mit Ihren Bürokollegen nicht über Themen der Arbeit, sondern über Ihre Erlebnisse vom Wochenende. Nutzen Sie die Erholungsphasen, um Ihren Kopf für ein paar Minuten frei zu bekommen von Ihren beruflichen Aufgaben.

Unterwegs nachhause

Wenn wir das Büro, den Arbeitsplatz verlassen, haben wir den Kopf noch voller Dinge, die wir soeben getan haben. Vielleicht denken wir auch schon an den Termin am nächsten Tag, die Besprechung mit dem Chef, eine Dienstreise, die uns bevorsteht. Wir brauchen Zeit, um von unserer

„Arbeitsstimmung" runterzukommen und in unser Leben als Privatmensch zurückzufinden.

Eine gute Gelegenheit, die Gedanken des Tages hinter uns zu lassen, bietet die Heimreise vom Arbeitsplatz. Wer im Auto (oder im Bus, mit Kopfhörern) entspannende Musik hört, schafft es leichter, den Tagesstress loszulassen, bevor er die Schwelle zum Haus, zur Wohnung überschreitet.

Sie sollten zwischen Beruf und Privatleben unbedingt eine Zäsur, eine kleine Unterbrechung, einschieben. Sie dient als Ritual, das Sie darauf vorbereitet, dass ein Abschnitt des Tages zu Ende gegangen ist und ein neuer Abschnitt beginnt. Vielleicht gehen Sie mit Kollegen noch auf ein Getränk oder Sie unternehmen einen kurzen Spaziergang. Setzen Sie sich auf eine Parkbank und beobachten Sie die Welt um Sie herum. Werden Sie eins mit der Natur, die Sie umgibt. Sie werden spüren, wie langsam Ruhe und Frieden Sie durchströmen. Vielleicht statten Sie aber auch Ihrem Stammcafé einen kurzen Besuch ab, trinken eine Tasse Tee, blättern ein paar Illustrierte durch. Ich sage bewusst: Illustrierte, denn Sie sollten nicht, kaum dass Sie aus der Arbeit kommen, schon wieder hochintellektuelle Zeitungen und Magazine lesen, die erst recht wieder hohe Konzentration von Ihnen verlangen. Eine große Zahl bunter Bilder, groß gedruckte, kurze Texte dazu, sinn- und zweckfreie Society News etwa, sind eine perfekte

Möglichkeit, sich abzulenken und die Ernsthaftigkeit des Tages hinter sich zu lassen.

Wenn Sie sich auf diese Weise von der Arbeit „gereinigt“ haben, sind Sie bereit, den Weg nachhause anzutreten. Jetzt werden Sie sich gleich doppelt darauf freuen, Ihre Familie in die Arme schließen zu können. Ihre Familie wiederum wird es Ihnen danken, dass Sie die Probleme des Tages so weit wie möglich draußen vor der Tür lassen und Ihre Aufmerksamkeit ganz auf Ihr Privatleben richten. Genau so sollte es sein, denn Sie leben ja nicht, um zu arbeiten, sondern arbeiten, um davon zu leben und Ihrer Familie und sich selbst ein möglichst schönes Leben bieten zu können.

Wenn Sie zuhause angekommen sind, aber immer noch Ihre Arbeit im Kopf mit sich herumtragen, sollten Sie sich und Ihren Lieben noch ein wenig Zeit geben. Zuvor schenken Sie Ihrer Familie aber trotzdem ein paar Minuten des Willkommens. Begrüßen Sie sie, umarmen Sie sie, zeigen Sie ihnen Ihre Freude darüber, wieder bei ihnen zu sein.

Dann aber nehmen Sie eine heiße Dusche, ziehen Sie sich um, damit Sie auch äußerlich einen Unterschied zwischen Arbeit und Privatleben herstellen. Nehmen Sie sich eine halbe Stunde, die Sie nutzen, um ein paar Entspannungsübungen zu machen, zum Beispiel autogenes Training, oder um zu meditieren. Bestimmt haben Sie ein Hobby. Malen, schreiben, basteln, musizieren Sie, gehen Sie mit den Kindern spazieren oder auf den Spielplatz. Sagen Sie ihnen und Ihrem Partner, dass Sie sie lieben! Widmen Sie sich Ihrer Familie, sie ist Ihr Ruhepol, Ihr Zentrum, Ihr Lebensmittelpunkt. Hier holen Sie sich Kraft und Sinn für Ihr Dasein.

Ein kleiner, aber wichtiger Tipp zum Schluss: Lassen Sie die Arbeit und die damit verbundenen Probleme unbedingt im Büro! Wenn es noch etwas zu erledigen gibt, das nicht bis morgen warten kann, erledigen Sie es noch im Büro. Wer Unterlagen mit nachhause nimmt, kann nicht abschalten, schafft es nicht, Beruf und Privatleben sauber voneinander zu trennen. Sie tun sich und Ihren Lieben keinen Gefallen, wenn Sie die Grenze zwischen beiden Welten verwischen. Das Gleiche gilt für Probleme: Versuchen Sie, Streit, den Sie im Büro haben, noch am selben Tag zu lösen, zumindest aber eine Lösungsmöglichkeit (etwa ein klärendes Gespräch) für den nächsten Tag zu vereinbaren. Gehen Sie nicht mit Groll nachhause, denn Sie werden ihn auf Ihre Familie übertragen. Die aber kann nichts für Ihre beruflichen Probleme!

Zeig Muskeln – die Jacobson-Methode

Vor mehr als 120 Jahren wurde er in der US-amerikanischen Stadt Chicago geboren: der Mediziner und Physiologe Edmund Jacobson. Sein wissenschaftliches Hauptwerk mit dem viel sagenden Titel „You must relax" erschien im Jahr 1934 (eine deutschsprachige Übersetzung kam erstmals 1990 unter dem Titel „Entspannung als Therapie – Progressive Relaxation in Theorie und Praxis" auf den Markt). Entspannung in mehr als einer Hinsicht hatten die Landsleute Jacobsons zu dieser Zeit dringend nötig, befanden sich die USA doch mitten in der Wirtschaftskrise.

Zwei Methoden, die der Forscher entwickelte, sind bis heute fixer Bestandteil professioneller Entspannung: die nach ihm benannte progressive Muskelentspannung und das so genannte Biofeedback.

Durch seine Forschungen, die er 1908 an der Harvard University begann, stellte Jacobson fest, dass es einen Zusammenhang gibt zwischen Muskelanspannung und verschiedenen körperlichen und seelischen Erkrankungen. Durch Entspannen der Muskulatur wird, so seine Erkenntnis, die Aktivität des zentralen Nervensystems reduziert. Die daraus resultierende Entspannung beseitigt psychosomatische Störungen und dient auch der Vorbeugung.

Im Folgenden möchte ich den Ablauf der progressiven Muskelentspannung, bei der Sie am besten auf dem Rücken am Boden liegen, skizzieren:

1. *Atmen* Sie tief und ruhig *in den Bauch.* Fühlen Sie, wie er sich hebt und senkt und Sie dabei

langsam ruhiger werden.
(10 Sekunden Pause.)

2. *Füße* anspannen: Krallen Sie die Zehen zusammen und halten Sie die Füße dabei senkrecht.
(5 bis 10 Sekunden halten.)
Füße langsam wieder entspannen.

3. *Waden* anspannen: Richten Sie die Füße auf und biegen Sie die Zehen in Richtung Körper.
(5 bis 10 Sekunden halten.)
Waden langsam wieder entspannen.

4. *Oberschenkel* anspannen: Drücken Sie die Knie so weit wie möglich durch.
(5 bis 10 Sekunden halten.)
Oberschenkel langsam wieder entspannen.

5. *Gesäß* anspannen: Pressen Sie die Pobacken fest zusammen.
(5 bis 10 Sekunden halten.)
Gesäß langsam wieder entspannen.

6. *Bauchmuskeln* leicht anspannen: Spannen Sie die Bauchmuskeln nicht zu sehr an, nur so stark, dass es gerade noch angenehm ist.
(5 bis 10 Sekunden halten.)
Bauchmuskeln langsam wieder entspannen.

7. *Rückenmuskulatur* anspannen: Drücken Sie Ihr Kreuz fest auf den Boden. Versuchen Sie, den Rücken möglichst gerade auf dem Boden

aufliegen zu lassen. Ziehen Sie, wenn nötig, die Beine leicht an.

(5 bis 10 Sekunden halten.)

Rückenmuskulatur langsam wieder entspannen.

8. *Schulterblätter* anspannen: Drücken Sie die Schulterblätter fest zusammen.

   (5 bis 10 Sekunden halten.)

   Schulterblätter langsam wieder entspannen.

9. *Hände* anspannen: Spreizen Sie die Finger so weit wie möglich.

   (5 bis 10 Sekunden halten.)

   Hände langsam wieder entspannen.

10. *Unterarme* anspannen: Ballen Sie beide Hände zu Fäusten und drücken Sie diese fest zusammen.

    (5 bis 10 Sekunden halten.)

    Unterarme langsam wieder entspannen.

11. *Oberarme* anspannen: Winkeln Sie die Arme an, ballen Sie die Hände zu Fäusten und pressen Sie diese fest zusammen.

    (5 bis 10 Sekunden halten.)

    Oberarme langsam wieder entspannen.

12. *Brustmuskeln* anspannen: Falten Sie die Hände (wie beim Beten) vor Ihrer Brust und drücken Sie dabei die Handflächen fest aneinander.

(5 bis 10 Sekunden halten.)
Brustmuskeln langsam wieder entspannen.

13. *Nacken* anspannen: Heben Sie dazu den Kopf etwas vom Boden auf.
(5 bis 10 Sekunden halten.)
Nacken langsam wieder entspannen.

14. *Stirn* anspannen: Ziehen Sie die Augenbrauen so weit wie möglich hoch.
(5 bis 10 Sekunden halten.)
Stirn langsam wieder entspannen.

15. *Augenmuskeln* anspannen: Drücken Sie die Augenlider fest zusammen.
(5 bis 10 Sekunden halten.)
Augenmuskeln langsam wieder entspannen.

16. *Nase* anspannen: Ziehen Sie Ihre Nase möglichst kraus nach oben.
(5 bis 10 Sekunden halten.)
Nase langsam wieder entspannen.

17. *Mund* anspannen: Pressen Sie die Lippen möglichst fest aufeinander.
(5 bis 10 Sekunden halten.)
Mund langsam wieder entspannen.

18. Den *ganzen Körper* zum Schluss nochmals anspannen: Machen Sie sich steif wie ein Brett.
Den Körper langsam wieder entspannen.
(30 Sekunden Pause.)

19. *Durchwandern* Sie in Gedanken noch einmal Ihren *ganzen Körper* und verweilen Sie einen Moment bei jedem der entspannten Abschnitte. Spüren Sie, wie sich die Muskeln entspannt haben. Wenn Sie irgendwo noch eine Verspannung spüren, dann spannen Sie diesen Körperteil noch einmal kurz an und lassen dann wieder los.

    (30 Sekunden Pause.)

20. *Machen* Sie sich nun Ihren *Atem bewusst*: Spüren Sie, wie er durch Ihren ganzen Körper fließt und alle Zellen erfrischt. Spüren Sie, wie sich Ihre Bauchdecke leicht hebt und wieder senkt.

    (30 Sekunden Pause.)

21. *Spüren* Sie nun die *Auflagefläche*, wo Ihr Körper den Boden berührt: Spüren Sie, wie der Boden Sie trägt und Ihr Körper mit zunehmender Entspannung schwerer und schwerer wird, bis Sie das Gefühl haben, ein Stück im Boden zu versinken.

    (Verweilen Sie in diesem Gefühl der Schwere, solange es Ihnen angenehm ist.)

Rücknahme:

Zählen Sie zum Schluss langsam von 5 rückwärts bis 0. Ballen Sie die Hände zu Fäusten, recken und strecken Sie sich und atmen Sie dabei tief durch. Nun öffnen Sie Ihre Augen und kehren mit Ihrer Wahrnehmung ins Hier und Jetzt des Raumes zurück, in dem Sie sich gerade befinden.

Am besten wäre es, wenn Sie sich die einzelnen Übungen von einer zweiten Person (etwa Ihrem Partner) vorsagen lassen oder sie (mit den entsprechenden Pausen zwischen den einzelnen Übungen) aufnehmen und sich diese Aufzeichnung beim Üben vorspielen.

Edmund Jacobson selbst dürfte übrigens von der positiven Wirkung seiner eigenen Methoden profitiert haben: Der Pionier auf dem Gebiet der Entspannung verstarb im Alter von über 90 Jahren in seiner Heimatstadt Chicago.

Mit allen Sinnen

Im Jahr 1980 bekam der deutsche Schriftsteller Sten Nadolny einen der wichtigsten Literaturpreise im deutschen Sprachraum, den Ingeborg-Bachmann-Preis, verliehen. Der Text, für den er diesen Preis entgegennahm, ging als 5. Kapitel in seinem rund 3 Jahre später erschienenen Roman „Die Entdeckung der Langsamkeit" auf. In diesem Buch schildert Nadolny, in Anlehnung an die Biografie des Polarforschers John Franklin, die Entwicklungsgeschichte eines Menschen, der aufgrund seiner Langsamkeit Probleme hat, sich mit der Schnelllebigkeit seiner Zeit anzufreunden. Da er sich jedoch als beharrlich erweist, schafft er es trotz seiner eigenwilligen Art, seinen Weg zu gehen und zu einem großen Entdecker zu werden.

Die Zeiten haben sich geändert: Heute geht es wahrscheinlich ein ordentliches Stück schneller zu als im Jahr 1983, als Nadolnys Roman erschien. Ganz bestimmt schneller ticken die Uhren jedoch im Vergleich zu jener Zeit, in welcher „Die Entdeckung der Langsamkeit" angesiedelt ist: zu Beginn und Mitte des 19. Jahrhunderts.

Der moderne Mensch des noch jungen 21. Jahrhunderts hetzt von einem Termin zum nächsten und muss doch immer wieder Termine mit den Worten absagen: „Tut mir leid, ich habe keine Zeit."

Es ist nicht verwunderlich, dass wir uns in diesen hektischen Zeiten immer stärker danach sehnen, Ruhe zu finden, und sei es nur für ein paar Minuten oder gar nur für wenige Augenblicke. Dem schnellen Strom der Welt vorübergehend zu entkommen, zur Seite zu treten und die Dinge an uns vorüberzischen zu sehen, während wir endlich wieder tief durchatmen und innehalten können – wer wünscht sich das nicht?

Gute Köche wissen: Je mehr Zutaten sie in einen Topf geben und je länger sie diese kochen, umso stärker vermischen sich die einzelnen Geschmacksträger zu einem einheitlichen Mischmasch, bis am Schluss alles gleich schmeckt. So ähnlich verhält es sich heutzutage mit unserem Leben: Weil wir so viel in so schneller Zeit tun und erleben wollen, können wir die einzelnen Eindrücke und Erlebnisse bald gar nicht mehr voneinander unterscheiden. Dabei ist es anregend, ja sogar berauschend, die Vielfalt an unterschiedlichen Sinneseindrücken zu erfahren und in ihrer individuellen Reinheit zu genießen.

Warum setzen Sie sich nicht ein paar Minuten in den Park und beobachten ein Blatt, das vom Ast fällt, vom Wind erfasst und davongetragen wird, in der Luft tanzt, Pirouetten dreht und zuletzt sanft am Boden landet? Haben Sie schon einmal die kleinen, auf den ersten Blick unscheinbaren, weil alltäglichen Dinge des Lebens genauer unter die Lupe genommen? Wie oft kommt es vor, dass Sie eine Blume in die Hand nehmen und sie genauer betrachten? Sehen Sie hin: die Blätter, die feinen Äderchen, die sie durchziehen, der sanfte Flaum, der sie vielleicht bedeckt, die dunkle Oberseite, die helle Unterseite, die Blütenblätter, die, wenn es sich zum Beispiel um einen Korbblütler handelt, aus der kreisrunden Mitte symmetrisch nach außen streben, Sonnenstrahlen auf einer Kinderzeichnung gleich, die Struktur und Farbe der Blütenblätter, schöner, echter, intensiver als die Farben in jedem Buntstifteset auf dieser Welt.

Wann haben Sie Ihren Ohren das letzte Mal getraut, die Augen geschlossen, sich ganz auf Ihren Hörsinn verlassen? Hören Sie zu, wenn es regnet und die Tropfen satt auf dem Dach aufschlagen, wo sie in dutzende feinere Tröpfchen zerplatzen, die den Trommelwirbel ihrer großen Brüder auf kleinerer Ebene fortsetzen. Der unterschiedliche Klang des Regens zu Beginn, wo die Tropfen hart auf die trockene Straße prasseln, im Vergleich zu wenigen Minuten später, wenn die Dächer und Straßen nass geworden sind und der Regen mitten hineinklatscht in diese Nässe.

Stille – gibt es das überhaupt? Haben Sie schon einmal einen wirklich ruhigen Ort aufgesucht? Ich meine jetzt nicht eine schallgedämpfte Sprecherkabine in einem Tonstudio. Gehen Sie in den Wald, auf einen Berg, irgendwohin, wo keine Menschen, keine Technik um sie herum lärmen. Das Zirpen der Grillen, Vogelgezwitscher, das Knarren der Äste im Wind. Hören Sie auf die Stimme des Windes, wie er Ihnen als Lüftchen sanft zuflüstert, Sie drängt, wenn seine Intensität langsam zunimmt, wie er schließlich ungeduldig an Ihnen und Ihren Kleidern zerrt und in Ihren Ohren tobt, wenn er sich in die Brust wirft und sich zum Sturm aufbläht. Hat die Stille einen Klang? Wenn Sie all das nicht mehr in den Ohren brummen, summen, piepsen, krachen, läuten, quietschen, scheppern hören, was Sie täglich an Hintergrundgeräuschen verfolgt und nie zur Ruhe kommen lässt, wenn all das auf einmal wegfällt, dann, ja dann hören Sie die Stille!

Wissen Sie eigentlich, wie Wasser schmeckt? Was für eine dumme Frage, denken Sie vielleicht. Aber ist die Frage wirklich so dumm? Was stopfen wir bei jeder sich bietenden Gelegenheit in uns hinein, spülen es mit Getränken in einer Vielzahl von künstlich hergestellten „natürlichen" Geschmacksrichtungen unsere Kehlen hinunter! An der Wurst- und Käsetheke im Supermarkt werden uns kleine Kostproben gereicht, auf der Straße bekommen wir den neuesten Energydrink gratis zum Mitnehmen. Die Kollegin im Büro hat wieder einmal eine Bonbonniere von ihrem geheimen Verehrer geschenkt bekommen und führt uns erfolgreich und mehrmals in Versuchung. Wir naschen hier und kosten dort, zwischendurch ein kleiner Snack am Würstelstand, ein belegtes Brötchen bei der Vernissage, Erdnüsse im Stammlokal.

All das geht mit Cola, Bier, Wein, Limonade, Tonicwater, bewusstere Naturen wählen den Kompromiss aus Geschmack und Gesundheit und bestellen Orangensaft gespritzt. Aber Wasser? Mund auf, Augen zu: Wer von uns greift schon freiwillig zu dem Getränk, das Mutter Natur uns an (fast) jeder Ecke gratis feilbietet, unvermischt, ohne künstlich produzierte Zusatzstoffe, genussvoll erfrischend, ohne das sich zu Karies oder Kalorien manifestierende schlechte Gewissen? Erinnern Sie sich noch an Ihre Kindertage, als Sie, beim Spiel mit Ihren Freunden durstig geworden, zum Wasserhahn an der Gartenmauer eilten, ihn mit ein paar flinken Drehungen öffneten, beide Hände zum Krug formten und das flüssige Element gierig in sich hineinschlürften? Gibt es denn einen größeren Genuss, als den Durst mit dem zu stillen, wonach er schreit: Wasser!

Wer von uns verdrückt nicht meistens die ganze Tafel Schokolade auf einen Sitz, Stück für Stück, nein, Rippe für Rippe, ohne Gnade, wie eine Schneefräse, die sich durch den Winter beißt? Wer hingegen genießt bloß ein einziges Stück Schokolade, legt es sich bedächtig auf die Zunge, wissend, welch langen Weg, welche Zeitstrecke, wie viel Mühen es durchwandert hat von der Bohne des tropischen Kakaobaumes, den der Botaniker Carl von Linné als „Theobroma", als „Speise der Götter", bezeichnete, bis zur Tafel Schokolade im heimischen Supermarktregal? Wer lässt es langsam im Mund dahinschmelzen und den Gaumen bittersüß und cremig-warm benetzen, kommt in Verzückung dabei, vergisst beinahe Raum und Zeit und darauf, dass es sich doch nur um ein einziges Stück handelt? Genießen will gelernt sein und erfordert große Disziplin und das Wissen um den Unterschied zwischen Qualität und Quantität. Weniger ist mehr. Wer schlingt, hat nichts verstanden.

Die Welt stinkt manchmal ganz schön. Zumindest aber riecht sie streng. Gestank ist Lärm für die Nase. Gönnen Sie Ihrem Geruchssinn eine Reise ins Paradies: Waren Sie schon einmal in einer Gärtnerei? Sind Sie von Glashaus zu Glashaus gegangen und haben das intensive, köstliche Aroma tief in

Ihre Nase aufgesaugt, sich ganz dem Duft überantwortet? Sind Sie schon einmal durch einen orientalischen Gewürzmarkt geschlendert, haben die Wolken aus Süße und Schärfe durchwandert, sich von den neuen, Ihnen vor kurzem noch unbekannten Aromen einfangen und überwältigen lassen, die auf Sie einströmten und Sie ganz in ihren die Sinne betörenden Nebel des Exotischen hüllten? Gehen Sie früh am Morgen in eine Bäckerei, lassen Sie Ihre Nase das ofenfrische Brot erschnüffeln, das knusprig braun gebrannte Ergebnis mühevoller Arbeit ungezählter Hände, von den Ähren auf dem Getreidefeld über die Mühle bis schlussendlich hinein in die Backstube.

Wie viele Hände schütteln wir jeden Tag? Wie oft werden wir – unabsichtlich – berührt, mal sachte, beiläufig, ein andermal ruppig, gestoßen und angerempelt in der Hektik sich aneinander vorbeidrängender Menschen in der Stadt? Wie oft ergreifen wir eine Türklinke, nehmen eine Tasche, einen Schirm, Gegenstände des täglichen Gebrauchs in die Hand? Greifen, fühlen, nur um zu fühlen: Berühren Sie und lassen Sie sich berühren. Eine zärtliche Streichelbewegung über Kopf und Rücken Ihres Partners, Liebkosungen Ihrer Kinder, ein anerkennendes oder tröstendes Schulterklopfen bei Ihren Freunden, eine Umarmung, die alle Sorgen dieser Welt für einen Moment in Luft auflöst. Wie schön es ist, zu fühlen, zu berühren und sich berühren zu lassen! Welch große Kraft liegt doch in solch einer kleinen Handlung! Tagaus, tagein sehen und benützen wir dutzende Dinge – in der Arbeit, in der Freizeit; wir verwenden sie, ohne uns über ihre Struktur Gedanken zu machen. Ertasten Sie blind Gegenstände, spüren Sie die Glätte oder Rauheit, feine Strukturen an der Oberfläche oder größere Unebenheiten, nehmen Sie die Kälte oder Wärme der Objekte wahr und ihre Größe. Greifen Sie nach einer Orange, einer Nuss, einem Stein, einem Stück Käse. Der Tastsinn ist ein äußerst feiner Sinn. Blinde Menschen können mit den Spitzen ihrer Finger Wörter in Blindenschrift „lesen". In jeder Fingerkuppe sitzen rund 700 Berührungs- und Druckrezeptoren.

Sie müssen nicht ins Auto, den Zug oder ins Flugzeug steigen, um vorübergehend aus dem Alltagstrott auszusteigen. Um einen „Kurzurlaub" zu unternehmen, genügt es, wenn Sie sich zurücklehnen (das sollte sogar im Büro möglich sein) und sich entspannen. Schließen Sie die Augen und rufen Sie sich Eindrücke und Erlebnisse wie die oben beschriebenen in Erinnerung. Genießen Sie in Gedanken noch einmal all die schönen Dinge, reisen Sie im Kopf zurück zum Ort Ihres letzten Urlaubs. Ein Kurztrip ins (virtuelle) Paradies wirkt Wunder und erfrischt Körper und Geist!

Ein kleiner Tipp noch: Nehmen Sie sich, wenn Sie auf Urlaub fahren, immer ein Notizbuch mit, eine Art Reisetagebuch, in das Sie Ihre Erlebnisse eintragen. Sie müssen ja nicht gleich ein umfassendes Protokoll jedes Tages anfertigen. Schreiben Sie einfach nur all jene schönen Eindrücke nieder, die Sie mit Freude oder gar einem tiefen Glücksgefühl erfüllen. Beschreiben Sie schöne Orte, eindrucksvolle Gebäude, Gesichter oder Menschen und das, was Sie mit ihnen gesprochen, worüber Sie gemeinsam gelacht haben. Helfen Sie Ihrer Erinnerung auf die Sprünge und skizzieren Sie das tolle Fischmenü im Restaurant am Strand, wo Sie beim Sonnenuntergang gesessen und ein köstliches Glas Rotwein mit Ihrem Liebsten getrunken haben. Nehmen Sie diese schriftliche Gedächtnisstütze hin und wieder zur Hand, wenn Ihnen der Alltag zu sehr aufs Fell rückt, und springen Sie kurz zurück an jene Plätze des Außergewöhnlichen.

Meditation – der Weg führt zur Mitte

Woher der Begriff „Meditation" genau stammt, ist nicht ganz klar. Zwei lateinische Wörter kommen als mögliche Antworten in Frage. Das Verb „meditari" bedeutet so viel wie „nachdenken", „nachsinnen"; das Adjektiv „medius" hingegen heißt „zentral", „in der Mitte". Beide Begriffe scheinen also in Frage zu kommen, ja, sie lassen sich sogar perfekt miteinander vereinen: Bei der Meditation geht es darum, durch „Nachsinnen" zur eigenen „Mitte" (zurück) zu finden.

Obwohl viele Menschen bei Meditation hauptsächlich an Asien und an im Lotussitz auf dem Boden sitzende Yogis denken, die „om" vor sich hin summen, gibt es durchaus auch eine eigene abendländische Geschichte der Meditation, die weit ins christliche Mittelalter zurückreicht. Damals gab es zwei Formen: die „meditatio", eine gegenständliche Betrachtung, und die „contemplatio", eine gegenstandsfreie Anschauung zur Sammlung des Geistes. Von Letzterer stammt auch unser Begriff der Kontemplation ab.

Wenn wir den Weg der Meditation beschreiten, begeben wir uns auf eine Reise. Diese Reise führt uns zu unserer „Mitte", hilft uns, die verlorene Balance wiederzufinden, wieder Tritt zu fassen, unsere innere und dadurch auch unsere äußere Standfestigkeit zurückzuerlangen. Der Weg der Meditation leitet uns aber auch zu jenen Plätzen in uns selbst, wo die „inneren Kraftquellen" sprudeln, an denen zu laben uns mit neuer Energie auflädt. Tief drin in unserer „Mitte" begegnen wir uns selbst, entkommen dem Stimmengewirr um uns herum und können endlich wieder auf unsere eigene, innere Stimme hören, uns weiterentwickeln und im Außen wachsen. Nur wer sich ab und zu zurücknimmt, sich ganz auf sich selbst besinnt, ist in der Lage, sich anschließend, vollgetankt mit frischer Kraft und neuem Mut, wieder der Welt da draußen zuzuwenden und ihr die Stirn zu bieten.

Wie wirkt Meditation?

Zwar verbindet der Laie mit dem Begriff „Meditation" oftmals etwas Religiöses oder Mystisches, diese Annahme beruht aber – zumindest teilweise – auf einem Missverständnis (teilweise deshalb, weil die Meditation meist in einem religiösen oder spirituellen Umfeld angesiedelt ist). Denn die positiven Wirkungen der Meditation sind nicht nur subjektiv wahrnehmbar oder bloß eingebildet. Die naturwissenschaftliche Forschung zeigt, dass beim Meditieren im menschlichen Körper messbare Veränderungen eintreten. So wird etwa der Herzschlag verlangsamt und die Atmung vertieft, Muskelspannungen werden reduziert und die Gehirnwellen wechseln in den Theta-Bereich (zirka 6,5 bis 7 Hertz). Die Stoffwechselaktivität nimmt ebenfalls ab – eine indirekte Wirkung des verlangsamten Herzschlages. Die Umschaltung des gesamten vegetativen Nervensystems auf Ruhe und Erholung sowie das damit einhergehende Absinken des Blutdrucks führen zu einer Verringerung des Herzinfarktrisikos.

In Japan gibt es zwei Bilder für Meditation, die mir persönlich sehr zusagen:

1. Stellen Sie sich eine Röhre vor, die an dem einen Ende offen, an dem anderen geschlossen ist. Diese Röhre ist in ihrer Mitte mit einem Scharnier versehen, so wie eine Wippe auf

einem Kinderspielplatz. Das geschlossene Ende zeigt Richtung Boden. Nun stellen Sie sich bitte vor, dass Wasser von oben genau in die Öffnung dieser kippbaren Röhre fließt. Langsam füllt sie sich, und wenn das Gewicht des Wassers das längere, nach oben weisende Ende schwer genug gemacht hat, kippt es nach unten, die Flüssigkeit fließt in einem Schwall wieder aus der Röhre heraus und diese klappt daraufhin zurück in die Ausgangslage.

Die Erlebnisse unseres täglichen Lebens sind wie das Wasser, das in die Röhre fließt: Sie füllen uns langsam an. Wenn wir „voll" sind, hilft uns die Meditation dabei, uns selbst wieder zu entleeren, unsere „Röhre" wieder frei zu machen für den nächsten Tag.

Meditation wirkt wie eine Reinigung. Aber so, wie wir regelmäßig putzen müssen, weil das Haus, unsere Wohnung immer wieder von neuem schmutzig werden, so müssen wir auch uns selbst, unser Inneres, einer regelmäßigen Reinigung unterziehen. Es reicht nicht, die Fenster ein einziges Mal zu putzen, um dann für immer klaren Durchblick zu haben. Wir wissen: Im Laufe der Zeit verdrecken sie immer wieder.

Um Durchblick in unserem eigenen Leben zu bewahren, müssen wir auch den inneren Reinigungsprozess zu einem regelmäßigen Ritual werden lassen. Das erfordert eine gewisse Disziplin. Und es bringt viel seelischen Müll zum Vorschein: Schmerzen, Schweiß und Tränen. Sie sind Anzeichen der Reinigung. Wenn wir uns die Disziplin zum regelmäßigen inneren Großputz anerziehen, werden wir die Kontinuität und die Beständigkeit des guten Gefühls schätzen lernen, die damit einhergehen.

2. Ein weiteres Bild ist das der Eins: Wenn wir uns aufrecht und gerade hinstellen, sind wir wie eine Eins, von Kopf bis Fuß eine Einheit. Ebenso können wir Denken und Handeln, die Art, wie wir uns geistig und körperlich durch diese Welt bewegen (stellvertretend für Geist und Körper stehen in diesem Bild eben der Kopf und die Füße), als eine Einheit wahrnehmen.

Durch Meditation stellen wir diese Einheit immer wieder her, erneuern sie, indem wir Gleichklang herstellen zwischen unserem Inneren und unserer Äußerlichkeit, zwischen dem, was wir sein wollen beziehungsweise sollen, und dem, was wir sind.

Welche Bilder beschreiben noch, wie Meditation wirkt?

Sind Sie schon einmal durch starken Nebel gewandert? Sie haben Angst, denn Sie wissen nicht, wo Sie sind. Haben Sie Ihren Weg verloren? Sie sehen nichts, kaum die eigene Hand vor den Augen. Die dichte weiße Wand stiehlt Ihnen nicht nur die Sicht, sie verschluckt auch die Geräusche um Sie herum. Sie haben keine Orientierung, fühlen sich heimatlos, einsam, verloren. Auf einmal tauchen aus dem weißen Meer die Umrisse von Häusern auf. Plötzlich bemerken Sie, dass Sie sich gar nicht verirrt haben. Sie sind ganz nahe bei Ihrem Zuhause.

Sie sitzen am Ufer eines Sees und blicken auf die Wasseroberfläche, die vom Wind gekräuselt wird. Von einem Moment auf den nächsten erstirbt der Lufthauch, die Wellen glätten sich, das Wasser wird still. Nun können Sie durch die Oberfläche des Sees und bis an den Grund blicken. Sie nehmen Steine wahr, Wasserpflanzen, die, am Boden festgewachsen, nach oben Richtung Luft streben. Vielleicht entdecken Sie beim suchenden Blick in die Tiefe einen Schatz. Vielleicht finden Sie sich selbst, wenn Sie in Ihre eigenen Tiefen hinabtauchen.

Wozu meditieren?

Wir haben alles, was wir brauchen; nein, wir haben sogar noch mehr. Die meisten von uns leben im Überfluss. Daran wird wahrscheinlich auch die aktuelle Wirtschaftskrise nichts ändern. Nicht nur, dass wir mehr haben, als wir zum unmittelbaren Überleben benötigen, sondern wir sind auch andauernd unzähligen Reizen ausgesetzt. Hunderte

Informationen stürzen täglich auf uns ein. Satt sind wir fast alle, viele von uns sind sogar schon übersättigt. Kein Wunder, dass wir bei allem Neuen, was an uns herangetragen wird, zunächst einmal skeptisch sind und die Frage stellen: „Wozu brauche ich das?" Es ist legitim, diese Frage zu stellen.

Bei der Meditation hingegen ist sie unangebracht, da wir durch sie der täglichen Reizüberflutung keinen weiteren Reiz hinzufügen, das Gegenteil trifft zu: Wir sortieren, misten aus, ordnen neu. Wir klären den Blick, indem wir das Dickicht in uns selbst lichten, Hindernisse aus dem Weg zu uns selbst räumen und unsere Beweglichkeit dadurch erhöhen.

Durch Meditation stellen sich innere Ruhe und Gelassenheit ein. Sie hilft uns dabei, uns weniger Sorgen zu machen und zu grübeln, da sie uns auf das Wesentliche zurückführt und dadurch all die Ängste, die uns unsicher machen und uns dabei hindern, zu uns zu finden, relativiert.

Wir hängen weniger oft Tagträumen nach, stattdessen konzentrieren wir uns auf das Hier und Jetzt, sind aufmerksam und präsent und werden leistungsfähiger.

Die körperlichen Vorteile der Meditation allein machen es schon wert, sich mit ihr näher zu befassen. So weichen Anspannung, Krampf und Genervtheit einem Gefühl der Ruhe und Entspannung. Wir ärgern uns weniger leicht und somit weniger oft, entwickeln ein Gespür dafür, was wir wirklich wollen, und zugleich die Fähigkeit, Entscheidungen leichter zu treffen. Dadurch tun wir weniger von dem, was uns von uns selbst ablenkt, und mehr von dem, was im Einklang mit unserem Wesen steht.

Wir lernen, zwischen echten und vermeintlichen Bedrohungen zu unterscheiden. Durch diese Fähigkeit erlangen wir zugleich mehr innere Sicherheit und Selbstvertrauen. Wir wissen, was wir wollen, und wir wissen, was dem entgegensteht. Die Dinge, die uns als Hindernisse erschienen, fallen auf einmal als Illusionen in sich zusammen, platzen wie Seifenblasen, lösen sich in nichts auf. Die Angst, die vor kurzem noch zu unserem ständigen Wegbegleiter gehörte, hat uns schon lange verlassen, wir können uns bald nicht mehr an sie erinnern.

Was wir in unserem Inneren an Veränderungen hervorrufen, durchdringt uns und wirkt auch auf unser Äußeres: Unsere Augen beginnen zu leuchten, wir strahlen die Ruhe und Selbstsicherheit, die in uns wachsen, gut sichtbar für die Menschen um uns herum nach außen aus.

Meditative Erfahrungen haben meistens den Charakter von Licht, mit dem die Dunkelheit erleuchtet und zurückgedrängt wird. Etwas in uns erhellt sich. Wer weiß, vielleicht finden wir Erleuchtung?

Der perfekte Ort

Bestimmt haben Sie als Kind Fangen gespielt. Ein Kind ist der Fänger, die anderen sollen gefangen werden. Jeder, der berührt wird, ist gefangen, darf jetzt selbst andere fangen. Wenn alle Mitspieler berührt, also gefangen, sind, ist das Spiel zu Ende.

Beim Fangenspiel gibt es aber auch eine Art Schutzzone, einen Ort, an dem sich die Gejagten vorübergehend ausruhen können. Dieser Ort wird zum Beispiel „Leo" genannt. Wer ihn aufsucht, kann kurz verschnaufen, bevor er sich wieder seinen Häschern ausliefert.

So ähnlich wie der „Leo" beim Fangenspiel dient uns bei der Meditation ein ganz bestimmter Ort als Asyl, als Ruheplatz, an den wir uns zurückziehen, um mit Körper und Seele durchatmen zu können.

Wir wissen aus Erfahrung, dass allein das Anziehen bestimmter Kleider, das Aufsuchen eines bestimmten Ortes mit einem Gefühl der Einstimmung verbunden ist. Wenn wir uns am Abend vor einem Theater- oder Konzertbesuch, vor einem Kirchgang oder einer Familienfeier „in Schale" werfen, schöne Kleider anziehen, uns vorher rasieren, duschen, die Zähne putzen, uns schminken und parfümieren, kommen wir schon in eine feierliche Stimmung, bevor wir den Ort der Festivität betreten. Wenn wir schließlich dort eintreffen, erfasst uns die Magie des Ortes: Eine Kirche hat eine gewisse Ausstrahlung, ebenso ein Theater, ein edles Restaurant.

Der äußere Rahmen ist ein wichtiges Element, weil er uns dabei hilft, aus dem Alltäglichen aus- und in eine eigene Wirklichkeit einzutreten. Wir vollziehen bewusst einen Wandel und machen uns damit klar: Jetzt beginnt etwas Neues, wir lassen den Alltag hinter uns und begeben uns in eine eigene, ganz spezielle Dimension. Diese mystische Stimmung wird beispielsweise durch bunte Glasfenster in großen Kathedralen gefördert. Das von außen ins Innere der Gotteshäuser fallende Licht wird durch die bunten Fenster in eine ans Übernatürliche gemahnende Farbenpracht getaucht, die uns mit einem wohligen Schauer erfüllt.

Wir müssen uns aber nicht unbedingt in eine Kirche begeben, um zu meditieren. Im Prinzip geht es darum, einen vom Alltag getrennten Raum zu betreten, eine gewisse Gestaltung vorzunehmen, ein äußerliches Ritual zu leben, das den Unterschied klarmacht und uns in die richtige Stimmung versetzt.

Das kann durch vielerlei Dinge bewerkstelligt werden, etwa durch das Abdunkeln des Raumes, das Anzünden einer Kerze, eines Räucherstäbchens oder eines Stövchens mit Duftöl. Das Abspielen ruhiger Musik, am besten immer die gleiche CD, hilft ungemein, das passende Umfeld herzustellen, in dem es uns ganz leicht gelingt, zur Innerlichkeit zu finden.

Die Erklärung dafür hat schon der russische Mediziner Iwan Petrowitsch Pawlow zu Beginn des 20. Jahrhunderts mit seinen berühmten Experimenten gefunden. Der sprichwörtliche „Pawlow'sche Hund" ist Ihnen bestimmt ein Begriff. Der Wissenschafter ließ immer dann, wenn dem Tier Futter vorgesetzt wurde, ein Glöckchen erklingen. Sobald der Hund das Futter sah, begann sein Speichel zu fließen. Nach einiger Zeit ließ Pawlow das Glöckchen läuten, ohne Futter darzubieten. Trotzdem kam der Speichelfluss des Hundes in Gang. Dieser bedingte Reiz (das Läuten des Glöckchens) war ausreichend, um die unbedingte Reaktion (den Speichelfluss) auszulösen.

Der Mechanismus, der hier zum Tragen kommt, wird von der Verhaltensforschung als „Konditionierung" bezeichnet.

Die Wahl des immer gleichen Szenarios bei der Meditation wirkt nach dem gleichen Schema: Wenn wir zusätzlich zu unseren Übungen auch noch immer gleiche äußere Rituale verwenden, eine gewisse Regelmäßigkeit anwenden, führt allein das schon zu einer höheren Bereitschaft für die folgenden Übungen.

Was sind nun solche „Äußerlichkeiten", die den Weg ins Innere erleichtern?

Orte der Stille

Ein ganz bestimmter Raum oder zumindest eine Ecke eines Zimmers, wenn Sie keinen eigenen Raum dafür verwenden können oder wollen, ist sehr wichtig. Viele Bauernhäuser in Österreich haben einen so genannten Herrgottswinkel – der Platz in der Stube, wo sich das Kreuz befindet. Egal, ob Sie religiös sind oder nicht: Richten Sie sich zumindest einen solchen „Ort der Ruhe" ein, einen Platz, ähnlich dem „Leo" beim Fangenspiel, an den Sie sich für einige Minuten zurückziehen können. Dabei sollten Sie Wert darauf legen, dass Sie bei Ihrer Meditation ungestört sind. Sprechen Sie mit Ihrer Familie, erklären Sie Ihren Lieben, dass es wichtig für Sie ist, jeden Tag eine solche Reise in Ihr Inneres anzutreten, und dass Sie dafür Ruhe benötigen. Bitten Sie Ihren Partner, Sie in dieser Zeit allein zu lassen, sich mit den Kindern (so Sie welche haben) zu beschäftigen, damit Sie ungestört sind.

Wie schon erwähnt haben Kirchen eine große Ausstrahlung der Ruhe und Besinnlichkeit. Zum Meditieren in eine Kirche (oder Kapelle) zu gehen, wäre natürlich ideal, weil Sie dann auch Ihre Familienangehörigen nicht aus dem Zimmer bitten müssen. Der reale Wechsel des Ortes hat natürlich eine größere Kraft, als wenn Sie sich nur in „Ihre" Ecke begeben. Aber wenn es nicht anders geht, ist „Ihre" Ecke auch gut. Achten Sie auf jeden Fall darauf, dass Sie weder von Türglocken und Telefonläuten noch von Straßenlärm gestört werden. Dass im Hintergrund auch kein Radio oder Fernseher laufen sollte, versteht sich von selbst.

Sie können aber auch (was im Sommer natürlich angenehmer ist als im Winter) in die Natur hinausgehen. Suchen Sie sich „Ihren" Platz, vielleicht eine kleine Lichtung, einen großen, alten Baum, an dessen starken Stamm Sie sich lehnen können. Wichtig ist dabei natürlich, dass sich „Ihr" Platz nicht in unmittelbarer Nähe einer befahrenen Straße oder eines Rad- oder anderen Weges befindet.

Hilfsmittel

Ich habe bereits von Kerzen, Räucherstäbchen und Duftöl gesprochen. Auch die Bedeutung von entspannender Musik habe ich erwähnt. Ein bestimmter Stuhl oder Schemel, der eine schmerzfreie, aber vielleicht nicht zu gemütliche Haltung ermöglicht (damit Sie nicht einschlafen), eine Decke oder ein schöner Teppich, ein Blumenstrauß, vielleicht das Bild einer schönen Landschaft: Alle diese Dinge können Ihnen dabei helfen, schneller in Meditationsstimmung zu kommen.

Regelmäßigkeit

Sie sollten Ihre Meditationsübungen nicht nur regelmäßig abhalten, also zum Beispiel jeden Tag oder jeden zweiten Tag. Wichtig ist auch, dass Sie Ihre Meditation nach Möglichkeit stets um die gleiche Uhrzeit absolvieren. Also etwa gleich in der Früh nach dem Aufstehen, was insofern ein perfekter Zeitpunkt ist, dass Sie sich dadurch auf den vor Ihnen liegenden Tag und seine Herausforderungen vorbereiten können. Abends vor dem Einschlafen ist auch ein guter Zeitpunkt, weil Sie dadurch die Chance haben, auf systematische Weise Ihren Tag Revue passieren zu lassen und den Tag gut zu Ende zu bringen.

Dauer

10 Minuten pro Tag sind das Minimum. Wir brauchen einfach eine gewisse Zeit, um überhaupt „reinzufinden" in die Meditation. Es gibt zwar Menschen, die behaupten, nicht einmal 10 Minuten pro Tag Zeit für Meditation zu haben, ich halte das aber für schlichtweg unglaubwürdig. Was sind schon 10 Minuten? Vor allem, wenn sie uns helfen, die restlichen 23 Stunden und 50 Minuten des Tages in einer entspannteren, angenehmeren

Haltung zu durchleben. Jeder kann sich 10 Minuten des Tages freischaufeln. Das ist meines Erachtens bloß eine Frage des Wollens. Eigentlich wären 20 Minuten (oder mehr) noch besser. 10 Minuten sollten es aber unbedingt sein.

Übrigens: Eineinhalb Stunden einmal pro Woche ist der falsche Weg. Besser ist, 10 Minuten pro Tag für die Meditation aufzubringen. Wer beim Meditieren glaubt, dem Diktat der Ökonomie folgen zu müssen („Ich mache das möglichst effizient, am besten einmal pro Woche eineinhalb Stunden, dann habe ich es hinter mir und brauche den Rest der Woche nicht mehr daran zu denken!"), der hat den Zweck der Übung nicht begriffen. Es geht eben nicht darum, unserem mit Terminen und zu Erledigendem vollgestopften Kalender einen weiteren Termin hinzuzufügen, den wir schnell abhaken können. Der Vorgang der Meditation selbst ist der „Termin"! Daher sollten wir uns auch die Zeit und Ruhe nehmen, ihn voll auszuschöpfen.

Der gute Ausstieg als gute Rückkehr in den Alltag

Suchen Sie sich einen Ausstiegspunkt, am besten ein akustisches Signal, das Ihnen anzeigt, dass die Meditation zu Ende ist. Vielleicht besorgen Sie sich einen Gong beziehungsweise eine Klangschale (bei Meditationsübungen in der Gruppe ist es die Aufgabe des Meditationsleiters, den Gong zu schlagen, wenn die Übung zu Ende ist). Sind Sie allein, können Sie zum Beispiel ein leeres Band abspielen, auf dem nach 10 oder 20 Minuten (je nachdem, wie viel Zeit Sie für die Meditation aufwenden möchten) ein Gong zu hören ist. Ein Wecker funktioniert notfalls auch, er sollte aber nicht zu laut sein und kein unangenehmes Geräusch machen. Der Vorteil dabei: Sie können, wenn Sie einmal nicht so viel Zeit zur Verfügung haben wie gewöhnlich, weil Sie etwa einen kurzfristig eingeschobenen Termin absolvieren müssen, die Zeit für Ihre Übung begrenzen, ohne dauernd von der Angst, zu spät zu kommen, abgelenkt zu werden. Der ritualisierte Ausstieg aus Ihrer Meditation sagt Ihnen: „Die Übung ist zu Ende, ich kehre gestärkt und konzentriert in den Alltag zurück."

Haltung bewahren!

Wesentlich für eine gelungene Meditation ist die richtige Körperhaltung. Sie wirkt sich nämlich auch auf das innere Befinden aus und unterstützt dadurch den Effekt des Meditierens. Für die Körperhaltung gilt dasselbe, was ich bereits für den Ort und die Hintergrundatmosphäre gesagt habe: Wenn Sie immer die gleiche Körperhaltung einnehmen, sobald Sie Ihre Meditation beginnen, ermöglicht bereits das Einnehmen dieser Haltung ein leichteres Hinübergleiten in den meditativen Zustand, da Ihr Körper erkennt: Ah, jetzt wird meditiert!

Sie können im Sitzen, Liegen oder Stehen meditieren, wobei diese 3 Körperhaltungen verschiedene Meditationen fördern:

Die *sitzende Haltung* eignet sich besonders gut für die *Herz-Meditation.* Ihre Wirkung: Sie fühlen sich geschlossen, kompakt, gesammelt und geborgen.

Die *stehende Haltung* empfiehlt sich für die *Kopf-Meditation.* Ungebeugt, stolz, wachsam – das sind die Begriffe, mit denen sich das Gefühl in der stehenden Haltung beschreiben lässt.

Die *liegende Haltung* schließlich bietet sich an, wenn Sie eine *Bauch-Meditation* machen möchten. Dabei besteht allerdings immer die Gefahr einzuschlafen. Ein Gefühl des Empfangens, Dem-Geschehen-Vertrauens stellt sich in dieser Körperhaltung ein.

Bestimmt kennen Sie Bilder von Yogis, das sind jene Menschen, die Yoga ausüben. Da sitzen sie, die Beine übereinandergeschlungen, die Füße ineinander verschränkt. Allein der Anblick wirkt auf Ungeübte schmerzvoll. Keine Angst, Sie müssen nicht Ihre Beine verbiegen, um meditieren zu können! Wählen Sie vielmehr eine Position, die Ihnen angenehm ist; schließlich geht es ja darum, dass Sie sich gut fühlen. Wenn Sie bei der Meditation Schmerzen empfinden, wird das Ihrer Freude am Meditieren eher hinderlich sein.

Die verschiedenen Sitz-Haltungen beim Meditieren sind:

Der *Lotussitz* (das ist der eben erwähnte Sitz der Yogis, daher heißt er auch Yogisitz), die klassische Meditationshaltung:

Dabei sitzen Sie mit gekreuzten Beinen auf dem Boden (oder einer Matte beziehungsweise Decke), die Füße ruhen auf dem jeweils gegenüberliegenden Oberschenkel, der Oberkörper ist gerade aufgerichtet. Achten Sie darauf, dass Sie nicht in sich zusammensinken. Eine gewisse Körperspannung ist wichtig!

Der *Schneidersitz* sieht so ähnlich aus wie der Lotussitz. Auch hier kreuzen sich die beiden Beine. Der Unterschied besteht jedoch darin, dass beim Schneidersitz die Füße nicht auf den gegenüberliegenden Oberschenkeln zu liegen kommen. Auch beim Schneidersitz sollte der Oberkörper aufrecht gehalten werden. Eine Unterstützung des Gesäßes mit einem Kissen ist hilfreich. Es gibt spezielle Meditationskissen, die kreisrund und hart gefüllt sind.

Der *Fersensitz* besteht, wie der Name schon sagt, darin, dass der Meditierende sich hinkniet und auf die eigenen Fersen setzt. Wer das als unangenehm empfindet, diese Position aber dennoch lieber hat als jene mit gekreuzten Beinen, kann sich auch auf einem Meditationsschemel oder -hocker niederlassen. Ein Meditationsschemel ist ein kleines

Bänkchen mit einem schmalen, nach vorne geneigten Brett. Meditationshocker sind runde, hart gefüllte Kissen von zirka 20 Zentimeter Höhe und einem Durchmesser von etwa 30 Zentimetern.

Beim Sitzen auf einem Stuhl gilt dasselbe wie beim Einnehmen der bisher genannten Sitzhaltungen: Der Oberkörper sollte möglichst aufrecht gehalten werden. Verwenden Sie immer denselben Stuhl, am besten einen eigenen, der sich von demjenigen unterscheidet, auf dem Sie Ihre Arbeit verrichten oder beim Essen sitzen. Zusätzlich könnten Sie den Stuhl mit einer ganz bestimmten Decke zudecken. Somit wird er zu Ihrem Meditationsstuhl und hilft Ihnen, schneller in die meditative Stimmung zu gelangen.

Was machen wir mit unseren Händen?
Die Handhaltung kann uns bei der Meditation unterstützen. Entweder legen wir die Hände locker auf die Oberschenkel, Handflächen nach unten, oder wir öffnen sie und drehen die Handflächen nach oben. Die Arme sind dabei etwas abgewinkelt. Das ist die empfangende Haltung.

Wir können unsere Hände aber auch vor der Brust falten, zur Unterstützung einer bittenden Haltung, ähnlich wie beim Beten.

Oder wir verschränken die Hände ineinander, so geben wir uns selbst Halt, indem jede Hand die andere spürt und sie hält.

Eine weitere mögliche Haltung besteht darin, eine geöffnete Hand auf die andere zu legen; beide Handflächen zeigen dabei nach oben, die beiden Daumen berühren einander.

Was machen wir mit den Augen? Sollen wir sie öffnen oder schließen?
Beides ist möglich!
Wenn Sie sich meditativ auf ein im Geiste vor Ihnen erstehendes Objekt konzentrieren möchten, ist es besser, die Augen zu schließen, um nicht von der Außenwelt abgelenkt zu werden. So gelingt es Ihnen besser, in sich zu gehen. Meditationsanfängern hilft es sehr, die Augen geschlossen zu halten.

Sie können die Augenlider aber auch halboffen lassen und den so genannten Schleierblick anwenden. Dadurch ist es möglich, bestimmte Gegenstände gerade noch zu sehen, ohne sämtliche visuelle Eindrücke der Umgebung in Ihr Inneres vorzulassen. Sie können sich mittels Schleierblick etwa auf eine vor Ihnen stehende Kerze konzentrieren, auf eine Blume, auf die Wolken, auf das Wasser eines Sees.

Experimentieren Sie mit verschiedenen Körper- und Handhaltungen, probieren Sie aus, wie Sie sich wohler fühlen: mit offenen, halboffenen oder geschlossenen Augen. Es gibt nicht *die eine* richtige Haltung. Finden Sie *Ihre* heraus!

Ich meditiere, also bin ich

Bestimmt kennen Sie den berühmten Satz des französischen Philosophen René Descartes (1596 bis 1650): „Ich denke, also bin ich."

Ich möchte ihn leicht abwandeln: „Ich meditiere, also bin ich."

Was will ich damit sagen?
Nun, Meditation ist eigentlich keine wirkliche Tätigkeit, so wie Auto fahren, kochen oder ins Kino gehen und einen Film sehen. Meditation ist reines Sein.

Reines Sein, fragen Sie sich jetzt vielleicht, was soll das denn bitte bedeuten?
Kein Wunder, dass Sie verwirrt sind. Was auch immer wir tun, wir tun etwas, und wenn es nur die Bewegung unseres Geistes ist. Ständig kreisen Gedanken durch unseren Kopf. Unser Terminkalender quillt über, nicht nur mit Einträgen für den Beruf. Auch unsere Freizeit ist minutiös zugeplant.

In der westlichen Leistungsgesellschaft, der wir angehören, gilt es als verpönt, nichts zu tun, nicht zu arbeiten, sich nicht permanent mit irgendetwas zu beschäftigen. Wer nicht arbeitet bis zum Umfallen, gilt als Faulpelz; schief angeschaut wird man heute, wenn man nicht jeden Tag mindestens 2, 3 oder mehr Überstunden zur regulären

Arbeitszeit hinzufügt. Und selbst jene von uns, die sich in ihrer Freizeit dem süßen Nichtstun verschreiben, weil sie endlich einmal ausspannen und ganz einfach nichts tun wollen, werden schief angeschaut: „Hast du keine Hobbys? Du sitzt einfach nur im Gartenstuhl und starrst Löcher in die Luft. Kann es sein, dass du dem Herrgott den Tag stiehlst?"

Der deutsche Soziologe Max Weber (1864 bis 1920) hat zu Beginn des 20. Jahrhunderts ein Buch geschrieben mit dem Titel „Die protestantische Ethik und der Geist des Kapitalismus". Ohne auf die Details dieses Buches einzugehen: Die prinzipielle Aussage besteht darin, dass religiöse Erziehung und Kultur (hier: die protestantische, das lässt sich aber mit gewissen Abstrichen auch auf andere übertragen) die Menschen dazu bringt, ihr Leben unter einer Leistungsperspektive zu betrachten. Volksweisheiten wie etwa der Spruch „Wer rastet, der rostet!" bringen dies knackig zum Ausdruck. Die Aufforderung Gottes an die ersten Menschen in der Bibel lautet bekanntermaßen: „Macht euch die Erde untertan!"

Je weniger wir tun, umso skeptischer werden wir von unserer Umwelt beäugt; je mehr wir arbeiten (oder so tun als ob), umso wohlwollender sind die Blicke, die auf uns ruhen. Leistung schafft Anerkennung, Nichtstun ruft Argwohn hervor. Wer weiß, vielleicht ist es ja bloß Neid, der uns entgegengebracht wird, weil wir es schaffen, abzuschalten, vorübergehend aus dem Hamsterrad unseres Lebens auszusteigen?

Es ist nicht leicht, dem vorwurfsvollen Blick der anderen zu entkommen und einfach nur – zu sein. Dazu gehört einiges an Übung.

Ob wir eher am *Sein* oder am *Tun* orientiert sind, hängt im Wesentlichen davon ab, wofür wir als Kinder stärker gelobt worden sind, welche Streicheleinheiten wir bekommen und wie sie uns konditioniert haben.

Die häufiger anzutreffende Orientierung ist diejenige am *Tun*. Schon von klein auf wurden wir gelobt, wenn wir etwas geleistet hatten: gute Schulnoten, Mithelfen im Haushalt, Lernen von Fähigkeiten, etwa Radfahren, und so weiter.

In unseren Beziehungen erfuhren und erfahren wir noch immer: „Ich mag dich, weil du dies oder jenes tust." Das brennt sich in unser Innerstes ein. Nur wenn wir etwas leisten, können wir genügen. Wir suchen die Anerkennung der anderen und brauchen Lob wie ein Verdurstender das Wasser.

Wer stärker am *Sein* orientiert ist, was seltener vorkommt, hat als Kind wahrscheinlich öfter Sätze gehört wie diesen: „Ich habe dich lieb, egal, was du machst!" Menschen, die bedingungslose Liebe erfahren haben, sind weniger Getriebene. Sie spüren und wissen: „So, wie ich bin, ist es okay. Ich werde geliebt als derjenige, der ich bin." Solche Menschen sind unabhängiger, freier, weil sie nicht dauernd auf der verzweifelten Suche nach Anerkennung durch andere sind.

Viele von uns versuchen, sich diese Anerkennung auf Umwegen zu holen, etwa, indem wir viel Geld verdienen, teure Autos und Kleider damit kaufen und den anderen dadurch zeigen, was wir leisten, damit sie uns bewundern und sagen: „Der hat es geschafft."

Wer so tickt, hat eine *Haben-Orientierung* und versucht damit, die nie bekommenen Streicheleinheiten fürs reine Sein und den damit einhergehenden Mangel an Selbstwertgefühl zu kompensieren. Das Loch im Sein durch Haben auffüllen zu können, durch Statussymbole, ist ein unerfüllbarer Wunsch. Menschen, die das versuchen, sind wie Süchtige, die die Dosis ihrer „Droge" Besitz ständig steigern müssen – wie das Goethe in seinem „Faust" in Bezug auf unsere unstillbare Genusssucht so schön zum Ausdruck bringt: *„So tauml' ich von Begierde zu Genuss und im Genuss verschmacht' ich nach Begierde."*

Bescheidenheit ist angesagt. Wer den Weg zurück finden will zum bedürfnislosen Sein, zumindest aber zu einem solchen, das nicht permanent irgendwelchen künstlichen Bedürfnissen hinterherhechelt, muss lernen, sich zu bescheiden.

Von Diogenes von Sinope, einem antiken griechischen Weisen im 4. vorchristlichen Jahrhundert, der so bescheiden, ja bedürfnislos war, dass er in einem leeren Fass lebte, ist folgende Geschichte überliefert: Der berühmte Feldherr Alexander der Große, der schon viel von Diogenes gehört und eine starke Sympathie für Philosophen im Allgemeinen hatte (er war bekanntlich Schüler des Aristoteles), suchte ihn auf. Er fand das Fass, in welchem der Philosoph wohnte, pflanzte sich davor auf und sprach gönnerhaft zu Diogenes: „Ich bin Alexander der Große. Sag mir, was du willst, du wirst es bekommen!" Was glauben Sie, hat Diogenes geantwortet? *„So geh mir aus der Sonne!"*

Das ist wahre Bedürfnislosigkeit.

(Angeblich soll Alexander der Große von dieser Aussage so beeindruckt gewesen sein, dass er gemeint habe: *„Wäre ich nicht Alexander, ich wollte Diogenes sein!"* Aber das ist wohl nur eine Legende ...)

Wohin mit lästigen Gedanken?

„Meditatives Denken ist still. Es ist nicht die Stille eines ruhigen Abends. Es ist die Stille, wenn die Gedanken mit all ihren Bildern, ihrer Arbeit und ihren Vorstellungen vollständig aufhören."

(Jiddu Krishnamurti, indischer Brahmane, spiritueller Lehrer und Autor)

Geht es Ihnen auch manchmal so: Ein Gedanke will partout nicht mehr aus Ihrem Kopf heraus. Er kreist in Ihrem Hirn und bringt Sie beinahe zur Verzweiflung.

Ziel der Meditation ist es, den inneren Monolog anzuhalten und uns zu entleeren von den Gedanken, die in unserem Kopf herumschwirren und uns stören. Bewusst zu sein, ohne bewusste, auf ein Ziel gerichtete Gedanken zu verfolgen, Absichtslosigkeit im Geiste: All das können wir durch Meditation erreichen, um dann in der wiedergewonnenen Stille plötzlich die innere Stimme zu vernehmen, die Ansprache unseres Herzens an uns hören zu können.

Nach einer Meditation können wir unser Gehirn wieder auffüllen mit anderen, neuen Bildern. Wir können unsere eigenen Gedanken denken, unsere eigenen Gefühle empfinden und werden eine Zeitlang nicht mehr von den Ideen und Erwartungen anderer Menschen (Eltern, Lehrer, Freunde, Kollegen), von der Gesellschaft und den in ihr bestehenden Zwängen und Anforderungen bestimmt. Wir können das denken, was in uns, in unserem Innersten, was wahrhaft das Unsere ist.

Zu Beginn der Meditationssitzung wird es vorkommen, dass die aktuellen Gedanken nicht gleich lockerlassen. Immer wieder rutschen wir gleichsam ab und landen erneut bei den Problemen mit dem Chef, dem Streit mit dem Partner, den Sorgen mit den Kindern. Wir dürfen nicht allzu streng mit uns sein, uns nicht ärgern oder uns gar Selbstvorwürfe machen, wenn das geschieht. Stattdessen sollten wir gelassen bleiben, die abschweifenden Gedanken akzeptieren und langsam wieder zur Meditation zurückkehren.

Wie finden wir nun aber die Leere, wie können wir unseren Kopf frei machen von Gedanken?

Atem

Konzentrieren Sie sich auf Ihren Atem: *ein – aus – ein – aus.*

Versuchen Sie nicht, ihn zu kontrollieren; lassen Sie ihn einfach fließen und beobachten Sie ihn dabei. Spüren Sie, wie sich Ihre Bauchdecke hebt und senkt. Begleiten Sie die Atembewegungen in Gedanken mit den Worten „Ein – aus – ein – aus ...", oder zählen Sie beim Ausatmen langsam nach oben:
Einatmen: *und*
Ausatmen: 1
Einatmen: *und*
Ausatmen: 2
Einatmen: *und*
Ausatmen: 3
und so weiter

Mantras

Ein Mantra ist eine meist kurze, formelhafte Wortfolge, die mehrmals wiederholt werden soll. Die Monotonie, die sich durch die permanente Wiederholung einstellt, und die Konzentration auf das Mantra helfen dabei, den Kopf zu „reinigen".

Beispiele für Mantras:

Om – om – om – om ...
Amen – Amen – Amen – Amen ...
Om mani padme hum ...
und so weiter

Naturklänge oder Musik

Sich ganz auf den Klang – sei es ein Naturklang, wie etwa das Plätschern eines Bächleins, das Rauschen eines Wasserfalls, das Säuseln des Windes, Vogelgezwitscher, sei es eine sanfte Musik – zu konzentrieren, hilft dabei, den Geist von hartnäckigen Gedanken zu befreien. Klassische Musik oder gregorianische Choräle helfen mir am besten, das muss aber nicht für alle Menschen gleich sein. Finden Sie Ihren Klang!

Auch Meister üben

„Es ist noch kein Meister vom Himmel gefallen!", lehrt uns eine alte Volksweisheit. So wie wir unsere Muskeln durch regelmäßige Betätigung trainieren können, sich unsere geistigen Fähigkeiten und Kenntnisse durch Wiederholung verbessern lassen, so werden wir auch durch regelmäßiges Meditieren immer geübter in der Kunst der Meditation.

Das Geheimnis wirkungsvoller Meditation beruht nicht bloß auf der stetigen Verbesserung durch regelmäßiges Üben. Es besteht auch darin, überhaupt zu meditieren. Es reicht nicht aus, ein einziges Mal im Lotussitz Platz zu nehmen und von diesem Moment an ein anderer Mensch zu sein. Meditation sollte ein fixer Bestandteil in unserem Leben sein, so wie die tägliche Körperpflege oder das regelmäßige Aufräumen unseres Hauses oder unserer Wohnung.

Folgende Meditationsübungen möchte ich Ihnen ans Herz legen:

Übung „Zur Ruhe kommen – Einstiegs-Meditation"

1. Nehmen Sie eine sitzende Haltung ein, das kann auf dem Boden oder auf einem Stuhl sein.
2. Suchen Sie eine Stelle an Ihrem Körper, wo Sie

Ihren Herzschlag spüren können (zum Beispiel am Handgelenk oder am Hals).

3. Fühlen Sie nun Ihren Puls und konzentrieren Sie sich dabei auf den Zwischenraum zwischen 2 Herzschlägen.
4. Wenn Ihre Gedanken abschweifen, lassen Sie es geschehen. Gedanken kommen und gehen. Sie kehren langsam wieder zur Konzentration auf den Zwischenraum zwischen 2 Herzschlägen zurück.

Übung „Demut üben"

Eine alte Weisheitslehre lautet: „Auch wenn du alle Vorzüge hast – fehlt dir die Demut, dann bist du unvollkommen."

Demut bedeutet: Es war, wie es war. Es ist, wie es ist. Es kommt, wie es kommt. Das aus dem Althochdeutschen stammende Wort „diomuoti" bezeichnete ursprünglich das Verhalten eines Dieners dem Herrn gegenüber: „dienstwillig" – „dienmütig" – „demütig".

1. Knien Sie nieder.
2. Berühren Sie mit der Stirn und den Handflächen den Boden.
3. Leiten Sie mit der Stirn Gedanken in den Boden ab, die in Ihrem Kopf kreisen. „Entladen" Sie dadurch Ihren Geist.

Übung „Bitte-Meditation"

Wir sind es gewohnt, Geld zu bezahlen, wenn wir etwas (haben) wollen. Etwas zu bekommen, ohne dafür eine Gegenleistung zu erbringen, bedeutet ein echtes Geschenk. Machen wir uns offen dafür, zu bitten, dann werden wir auch beschenkt.

1. Nehmen Sie eine bittende, empfangsbereite Haltung ein. Öffnen Sie dazu beide Hände und drehen Sie die Handflächen nach oben.
2. Formulieren Sie innerlich eine (oder mehrere) Bitten: „Ich bitte für ein gutes Jahr, für ein erfolgreiches Vorhaben, für ..."

Übung „Danke-Meditation"

Vieles in unserem Leben nehmen wir als ganz selbstverständlich hin, dabei ist es das gar nicht. Denken wir an die vielen armen und kranken Menschen, an jene, die sich kein Dach über dem Kopf, kein gutes Essen, keine teuren Weine, keine schönen Kleider, keine Urlaube, kein Auto und keinen Luxus leisten können. Denken wir an diejenigen Menschen, die nicht zur Schule gehen können, ins Theater oder zum Tennisspielen, an alle, die nicht die Gnade haben, wie wir in einem friedlichen Land zu leben, sondern jeden Tag mit Not, Krieg und der Angst vor Vertreibung und Tod rechnen müssen.

Dankbarkeit für alles Gute, das uns widerfahren ist und widerfährt, und Gelassenheit all jenen Dingen gegenüber, die wir nicht erreichen oder bekommen konnten, führen zu innerer Ruhe und seelischem Frieden.

1. Nehmen Sie eine Haltung des dankbaren Herzens ein. Dazu falten Sie (wie beim Beten) die Hände vor Ihrem Herzen.
2. Danken Sie für alles, was war, aber auch für alles, was nicht war: „Ich danke für den schönen Tag. Ich danke für jene Dinge, die ich nicht erreicht habe." Nehmen Sie Ihr Schicksal dankbar an.

Am Ende jeder Meditation sollten Sie sich unbedingt strecken und dehnen, um wieder frisch und wach ins Hier und Jetzt zurückzukehren.

Entspannung bringt Entspannung bringt Entspannung ...

„Glaube führt zur Tat, Konzentration führt zum Erfolg, Wiederholung führt zur Meisterschaft." (Nikolaus B. Enkelmann, Rhetorik-Trainer)

Der Weg zur Ruhe führt über die Entspannung. Wobei es hier nicht darauf ankommt, dass Sie zig verschiedene Methoden kennen. Es geht vielmehr darum, dass Sie eine davon regelmäßig anwenden.

Auch hier gilt: „Steter Tropfen höhlt den Stein!" 10 Minuten pro Tag sind besser als 2 Stunden pro Woche.

Wer behauptet, keine Zeit für tägliches Entspannungstraining zu besitzen, sollte sich einmal die Frage stellen, wie viele Dinge er jeden Tag macht, die eigentlich unnötig sind und reine Zeitverschwendung darstellen, zumindest aber nicht so wichtig sind, dass man nicht zugunsten eines regelmäßigen Entspannungstrainings darauf verzichten könnte.

Und was ist, wenn wir einfach zu „erledigt" sind, um unsere täglichen Entspannungsübungen zu absolvieren? Dann haben wir bereits etwas falsch gemacht! Denn wer regelmäßig vorbeugt, kommt gar nicht erst in den Zustand vollkommener Erschöpfung.

8 wichtige Tipps zur Entspannung

1. Rechtzeitig entspannen!
   (Warten Sie nicht, bis Sie völlig ausgebrannt und leer sind.)

2. Regelmäßig entspannen!
   (Weniger Zeit pro Tag, mehr Tage pro Woche, am besten jeden Tag.)

3. Nicht zu viel auf einmal vornehmen!
   (Wer sich mit seinen Vorsätzen übernimmt, ver-

liert die Lust daran, sie zu verwirklichen. Gehen Sie es lieber in kleinen Schritten an.)

4. Erinnerungen festlegen!
(Tragen Sie die Entspannungszeit in Ihren Terminkalender ein, so lange, bis sie zum täglichen Ritual geworden ist und Sie intuitiv wissen: Jetzt ist Zeit für meine Entspannungsübungen!)

5. Rituale!
(Ein bestimmtes Ritual hilft, sich schneller zu entspannen beziehungsweise sich auf die Entspannungsübungen einzustellen. Streichen Sie zum Beispiel mit beiden Händen gleichzeitig ein paarmal über Ihr Gesicht.)

6. Lassen Sie sich nicht ablenken!
(Wir sind gewohnt, dass permanent Informationen auf uns einströmen. Um wirklich abschalten und sich entspannen zu können, muss man gelegentlich den Rollladen runterlassen, sich ausklinken. Nehmen Sie sich vor: „Während meiner Entspannungsübungen lasse ich mich von nichts und niemandem ablenken.")

7. In der Gruppe geht's leichter!
(Entspannungsübungen klappen besser, wenn man sie zusammen mit Gleichgesinnten durchführt, denn dadurch stimulieren Sie sich gegenseitig. Suchen Sie sich Kollegen, Freunde, Familienmitglieder, die mit Ihnen zusammen üben möchten.)

8. Feiern Sie sich selbst!
   (Belohnen Sie sich dafür, dass Sie Ihre Übungen regelmäßig absolviert haben; das bestärkt Sie und wird es Ihnen leichtermachen, mit Ausdauer dabeizubleiben. Vielleicht schenken Sie sich einen Kinobesuch oder ein Buch und sagen zu sich selbst: „Ich habe meine Übungen gemacht, diesen Kinobesuch oder dieses Buch schenke ich mir selbst zum Dank.")

Achtung! Loslassen!

Macht es Ihnen Angst, loszulassen? Kein Wunder! Das geht jedem Menschen so. Dennoch: Wer Ruhe finden will, muss lernen loszulassen.

Für gewöhnlich neigen wir dazu, zu klammern; das bezieht sich nicht nur auf Beziehungen, wenn wir Angst davor haben, dass sie in die Brüche gehen und wir den Partner verlieren könnten.

Wir schließen uns in unserem aktuellen Zustand ein, weil Änderungen immer mit physischen und seelischen Anstrengungen verbunden sind. Als Gewohnheitstier ist der Mensch Veränderungen gegenüber immer kritisch eingestellt. Wir bleiben lieber sitzen, verharren statisch im Gewohnten, Vertrauten, anstatt aufzustehen, in Bewegung zu kommen, herumzugehen, unsere Position zu verändern, obwohl wir dadurch vielleicht eine neue

Perspektive bekommen könnten, die uns möglicherweise sogar bereichern würde. Kontrollverlust ist ein Schreckgespenst für die meisten von uns.

Diese konservative Einstellung, das bekannte Terrain nicht zu verlassen, vermittelt uns ein Gefühl der Sicherheit. Zugleich ist sie Ausdruck einer Haben-Orientierung. „Was man hat, hat man", sagt eine alte Bauernregel. Eine andere Volksweisheit belehrt uns: „Der Spatz in der Hand ist besser als die Taube auf dem Dach."

Aber wer weiß, vielleicht wäre es die Taube auf dem Dach ja wert, den Spatz in der Hand dafür zu riskieren?

Loslassen erfordert Mut. Das Lösen der verkrampften Finger um den vertrauten Gegenstand – im übertragenen Sinn gesprochen: das Freigeben all jener Dinge, aber auch Menschen, die wir gerne behalten, über die wir die Kontrolle auf keinen Fall verlieren möchten – ist eine Herkulesarbeit. Sie erfordert die Risikobereitschaft, uns auf das Neue, Unbekannte einzulassen. Dazu bedarf es auch eines gewissen Vertrauens in unsere eigenen Fähigkeiten, mit dem Neuen umgehen zu können, die unbekannte Herausforderung bewältigen zu können, worin auch immer sie bestehen mag.

Loslassen schafft aber auch neuen Freiraum, der genützt werden kann. Wir schaffen Platz für

Gegenstände und Menschen, die wichtig für uns werden könnten; wichtiger als jene, die wir zuvor aufgegeben haben.

Es klingt paradox: Nur wer bereit ist, etwas aufzugeben, kann auch wieder etwas Neues hinzugewinnen. Indem wir diesen Fluss des Lebens begreifen und akzeptieren, lernen wir eine wichtige Lektion und wachsen und reifen. Wir befreien uns von unserer Haben-Orientierung und finden langsam zu einer Seins-Orientierung.

Stellen Sie sich ab und zu folgende Fragen:

1. Woran halte ich fest in meinem Leben? (Was sind meine Wertvorstellungen? Welche Bilder trage ich in meinem Inneren mit mir herum? Welche [schlechten] Gewohnheiten? Verhaltensweisen? Tätigkeiten? Aufgaben? Welche Dinge, welche Menschen kann oder will ich nicht aufgeben?)
2. Was gewinne ich, wenn ich all das festhalte?
3. Was würde passieren, wenn ich loslasse?
4. Welche Ängste halten mich davon ab, loszulassen?
5. Was gewinne ich, wenn ich loslasse?

Loslassen als (Über-)Lebensprinzip

Leben ist Energie und muss fließen – das Leben selbst ist ein ständiger Fluss! Wer dauernd versucht festzuhalten, staut die Energie. Das führt zu Erstarrung und zuletzt zum Tod. Wer loslässt, erlaubt dem Leben zu fließen.

Wovon können und sollen wir loslassen?

1. Loslassen von Vorurteilen, Loslassen vom Verurteilen

Zu schnell urteilen wir über andere Menschen oder über uns selbst, über Dinge und Situationen. Dabei unterscheiden wir oft voreilig zwischen Gut und Böse, Weiß und Schwarz, ohne die Grautöne zu erkennen. Die Natur hingegen urteilt und verurteilt nicht. So scheint die Sonne gleichermaßen für Heilige und Sünder (wenn es diese klare Unterscheidung überhaupt gibt).

Nicht zu urteilen und zu verurteilen bedeutet, zu sich selbst zu sagen: „Ich bin nicht besser (oder schlechter) als die anderen." Wer kann schon ganz genau wissen, warum ein anderer Mensch etwas Bestimmtes getan oder unterlassen hat? Vielleicht gibt es Gründe dafür, die so stark waren, dass es keine andere Möglichkeit gab.

Durch das vorschnelle Urteilen über andere oder das Verurteilen anderer Menschen können wir ihnen schaden. Denken Sie daran, wie leicht wir selbst Schuldgefühle entwickeln, wenn wir von anderen (oder von uns selbst) zu schnell (vor)verurteilt werden.

Wie oft halten wir eine bestimmte Situation für ausweglos, einen bestimmten Vorfall, eine Sache, die uns widerfährt, für schlimm? Nicht selten stellt sich im Nachhinein heraus: So furchtbar war es doch gar nicht! Oder wir erkennen, dass das „Schlimme", das uns widerfahren ist, eigentlich auch seine guten Seiten hat, weil es uns weiterbringt, neue Wege aufzeigt, uns hilft zu reifen.

Nicht zu Unrecht sagt der Volksmund: „Oft verschließt der Herrgott eine Tür, um eine andere aufzumachen."

2. Loslassen vom Materialismus

In der heutigen Zeit wird materieller Besitz großgeschrieben. Wer mehr hat, zählt mehr. Reiche Menschen genießen hohes Ansehen. Dabei wissen wir gar nicht, was sich hinter den Kulissen abspielt. Sind vermögende Menschen wirklich glücklicher als arme Leute? Ein gewisser Mindestbesitz (um die unmittelbaren Bedürfnisse des Überlebens zu decken) ist bestimmt nötig, um nicht unglücklich zu sein. Er gewährt äußere

Sicherheit. Aber sind unsere natürlichen Bedürfnisse einmal gedeckt, ist alles darüber Hinausgehende eigentlich purer Luxus. Aber nicht nur das: Zu viel Reichtum kann sogar zur Belastung für uns werden, da wir andauernd in der Angst leben müssen, ihn zu verlieren.

„Wie gewonnen, so zerronnen", sagt eine alte Weisheit. Materieller Besitz ist ein flüchtiger Zeitgenosse. Er kommt und geht, einmal wähnen wir uns seiner sicher, im nächsten Augenblick sind wir ihn auch schon wieder los – und das nicht nur in wirtschaftlich turbulenten Zeiten, wie das momentan auch in der westlichen Welt der Fall ist.

Ein Mehr an Gütern macht uns nicht wirklich freier, sondern vielmehr zu Sklaven unserer Reichtümer.

Nicht wir haben Besitz, unser Besitz „hat" uns. Wir wollen immer mehr und geraten in eine Spirale der Gier.

Der Buddhismus lehrt, dass (übermäßiger) Besitz und das Streben nach Gütern uns belasten.

Wahrer Reichtum ist der Reichtum unserer Seele, unseres Herzens, unseres Geistes. Niemand kann ihn uns wegnehmen, er überdauert alle Schiffbrüche und Wirtschaftsrezessionen. Nach ihm sollten wir streben.

3. Loslassen vom Kopf-Denken

Unser Kopf ist ein analytischer Geselle. Er will die Dinge zerlegen, um sie anschließend wieder nach strukturierter Ordnung zusammensetzen zu können. Er ist an der Außenwelt, an der „Wirklichkeit", orientiert. Unser Wissen von der Welt erneuert sich ständig, nach vorsichtigen Schätzungen verdoppelt sich das (wissenschaftliche) Wissen alle 100 Jahre, der Wissenszuwachs geht rasant vonstatten.

Im Unterschied zum Kopf-Denken ist das Herz-Denken auf eine andere Art von Wissen ausgerichtet: Es geht um unser Inneres, wir können es als „Intuition", als „Gefühl", als „Grundwahrheit" bezeichnen. Die solchermaßen gewonnenen Erkenntnisse sind nie überholt, sie werden in jeder Epoche bloß neu „entdeckt" und in der Sprache der jeweiligen Zeit von „großen Menschen" (Buddha, Laotse, Jesus ...) formuliert.

Das Wissen, das unserem Herz-Denken zugehört, ist nichts, was wir an Universitäten lernen. Es entwickelt sich und wächst in uns im täglichen Umgang miteinander. Wir saugen es gleichsam mit der Muttermilch auf und unterrichten einander gegenseitig in dieser „Wissenschaft". Viele von uns verlernen das Herz-Denken durch den Trubel und die Herausforderungen des Lebens. Sie vergessen darauf, es einzusetzen; vielleicht auch, weil das Herz-Denken eine andere Einstellung, einen anderen Zugang zur Welt und zu den Menschen bedeutet und verlangt. Es ist nicht an Leistung und Gewinn orientiert, sondern an Harmonie und Frieden. Wer hört schon auf sein Herz, wenn die Umsätze steigen müssen?

Zu selten nutzen wir den menschlichen Erfahrungsschatz, der vor jedem an Hochschulen erlernbaren Wissen in uns grundgelegt wurde. Dabei verfügen wir mit diesem oft verschütteten Wissen über großes Potenzial. Wenn wir zur Ruhe kommen, lernen wir auch wieder, auf diese unsere innere Stimme zu hören, die aus den Tiefen unseres „Unterbewusstseins" zu uns spricht.

Wir lassen uns leider viel zu stark von den Erwartungen und Einflüsterungen unserer Umwelt bestimmen und manipulieren, anstatt auf das zu hören, was wir selbst wirklich wollen. So werden wir zu willfährigen Befehlsempfängern anderer Menschen oder der Wirtschaft, die uns nur zu gerne sagen will, was wir zu tun haben, was wir kaufen und konsumieren sollen, um das Rad des Konsums am Laufen zu halten ...

4. Loslassen von Denkmustern

Wie oft scheitern wir und wundern uns danach, warum wir schon wieder versagt haben? Vielleicht liegt es ja wirklich daran, dass die Aufgaben zu groß sind für uns. Aber könnte es nicht auch sein, dass wir uns ihnen auf die falsche Weise nähern?

Wer bergsteigen geht, weiß, dass es meistens nicht nur einen einzigen Weg zum Gipfel gibt. Wo steht geschrieben, dass wir nur diese Route nehmen dürfen? Der Gipfelsieg und die Freude darüber sind gerechtfertigt und verdient, ganz egal, wie wir es geschafft haben, nach oben zu kommen, denn wir haben uns selbst bezwungen und sind über uns hinausgewachsen.

Der griechische Philosoph und frühere römische Sklave Epiktet (um 50 bis 140 nach Christus), ein Vertreter der antiken Stoa, hat schon sehr früh erkannt und in seinem „Handbüchlein der Moral" geschrieben, dass die Dinge für uns so sind, wie wir sie sehen (wollen). Für sich genommen sind sie ohne jede Wertung. Erst wir verleihen ihnen zum Beispiel Bedrohlichkeit, wenn wir sie als bedrohlich ansehen (wollen). Was oder wie die Dinge für sich selbst sind, können wir nicht verändern. Aber was sie für uns bedeuten, darüber können wir verfügen, und wir sollten sie daher nicht schlimmer bewerten als unbedingt notwendig.

Das Schlimme an unseren schlechten Gedanken ist: Sie sind nicht nichts. Kein Gedanke ist wirkungslos. Alles, was wir denken, beeinflusst wiederum uns selbst, unsere Bewertung von uns selbst und anderen sowie unser Verhalten uns selbst und unseren Mitmenschen gegenüber. Somit laden wir Dinge und Menschen mit unseren negativen Gedanken wie mit negativer Energie auf. Diese negative Energie bekommen wir bei jedem Kontakt mit diesen Gegenständen und Menschen wieder auf uns zurückübertragen. Denken Sie etwa daran, wie sehr es Sie belastet, wenn Sie einen ganz bestimmten Menschen verachten und nichts mit ihm zu tun haben wollen. Jedes Mal, wenn Sie nun irgendwohin gehen, wo dieser Mensch auftauchen könnte, verspüren Sie eine innere Spannung, ja sogar Unruhe. Wenn der verhasste Mensch dann irgendwann tatsächlich vor Ihnen auftaucht, bekommen Sie vielleicht sogar ein mulmiges Gefühl in der Magengrube. Der Hass, den Sie auf ihn projizieren, wird auf Sie selbst zurückgeworfen wie das Sonnenlicht von einem Spiegel.

Denken Sie daran: Sie haben die Freiheit zu denken, was Sie möchten. Warum sollten Sie negative Gedanken wälzen, warum immer vom Schlimmsten ausgehen und das Böse erwarten? Wie können Sie jemals positiv überrascht werden, wenn Sie Ihre Sinne schon vorprogrammiert haben auf eine bestimmte Art der Wahrnehmung und nur mehr gezielt die Bestätigung Ihrer Denkmuster erwarten? Vielleicht entgeht Ihnen dadurch das Positive, Andere, Neue, weil Sie schon damit rechnen, in Ihren Einstellungen bestätigt zu werden. Das nennt man selektive Wahrnehmung. Das „Herbeidenken" einer bestimmten Zukunft wird als „Selffulfilling Prophecy" bezeichnet: Die Prophezeiung geht in Erfüllung. Warum? Weil wir es (unbewusst) nicht anders gewollt haben!

Geben wir unsere negativen Denkmuster auf, unseren Hass, unsere Schwäche, unsere Missgunst. Lassen wir uns ein auf das Positive, Schöne, Gute in uns und unseren Mitmenschen, auf Gesundheit, Freude, Frieden und Liebe!

Bewege dich und ernähre dich gesund!

Ein Grund dafür, warum wir stets in rastloser Bewegung sind und kaum zur Ruhe kommen, liegt darin, dass wir uns zu wenig bewegen! Wie bitte, fragen Sie sich jetzt verdutzt, das kann der Autor doch nicht ernst meinen? Doch, genau so meine ich es.

Wir bewegen uns viel zu selten, suchen keinen körperlichen Ausgleich, um den Stress, die Sorgen, die angestauten Energien und Schlacken abzubauen. Die Medizin weiß, dass nichts so erholsam wirkt auf Körper, Geist und Seele wie regelmäßige sportliche Betätigung. Nur wer sich bewegt, findet zur Ruhe. Unser Schlaf ist erholsamer, wenn wir uns (spätestens 3 Stunden vor dem Zubettgehen) ausgepowert haben, etwa durch einen Waldlauf, zumindest aber durch einen zügigen Spaziergang an der frischen Luft. Der versorgt uns gleich auch mit Sauerstoff und erfrischt unsere Augen, die ihren Blick endlich wieder von unserem Computerbildschirm, unseren Unterlagen heben und in die Weite der freien Natur hinausschicken dürfen.

Der angenehme Nebeneffekt der sportlichen Betätigung liegt darin, dass wir den Kopf frei bekommen. Wer regelmäßig Ausdauersport betreibt, weiß, dass sich spätestens nach den ersten 15 bis 20 Minuten die Probleme des Alltags langsam in Luft auflösen, zumindest aber immer mehr an Bedeutung verlieren.

Ein zweites wesentliches Hindernis auf dem Weg zur Ruhe ist unsere falsche Ernährungsweise. Es gehört zum guten Ton, ist Teil unserer Kultur, jeden Tag Kaffee, Tee oder andere koffeinhaltige Getränke (zum Beispiel Energydrinks) in uns hineinzuschütten. Am Abend genehmigen wir uns dann ein Gläschen, der eine raucht, der andere stopft ungesundes Zeug (Chips, Schokolade ...) in sich hinein. All diese Dinge regen uns an, sie regen uns aber auch auf. Eine physiologisch korrekte Ernährungsweise verzichtet auf all diese Dinge oder erlaubt sie nur gelegentlich in Ausnahmesituationen (zum Beispiel bei einem Kinobesuch).

Wenn Sie sich mit Ihrem Hausarzt unterhalten, können Sie von ihm bestimmt den einen oder anderen Tipp für eine gesunde Ernährung erhalten. Versuchen Sie es, Sie werden sehen, es funktioniert. In Kombination mit regelmäßiger sportlicher Betätigung werden nicht nur Ihr allgemeines Wohlbefinden und Ihre Leistungsfähigkeit im

Beruf und im Privatleben steigen, Sie werden auch feststellen, dass Sie viel entspannter und gelassener werden und nur mehr schwer aus der Ruhe zu bringen sind.

Ich habe Ihnen einiges über die Jacobson-Methode und über Meditation erzählt. Erwähnen möchte ich noch kurz, dass es natürlich auch viele andere Schulen und Techniken gibt, um sich zu entspannen und zu äußerer und innerer Ruhe zu finden. Autogenes Training etwa, wo mit Wärme- und Schwere-Suggestionen gearbeitet wird und wo Sie sich gezielt Formeln vorsagen können, mit denen Sie auf bestimmte Bereiche Ihres Körpers, aber auch auf Ihre Einstellungen einwirken können. So sind nicht nur Atemübungen Teil des autogenen Trainings. In diesem Zustand entspannter Wachheit und höherer Beeinflussbarkeit (ähnlich wie in Hypnose) können Sie sich auch Sätze selbst (oder vom Partner oder einem Tonband) vorsagen lassen, die Ihnen dabei helfen, Ruhe zu gewinnen: „Ich bin ganz, ganz ruhig. Ich sinke immer tiefer in eine große Gelassenheit und Ruhe."

Eine weitere klassische Schule ist das Yoga. Diese indische Lehre verbindet geistige und körperliche Übungen und hilft so dabei, die harmonische Einheit zwischen Körper und Geist (wieder)herzustellen.

Lass mich in Ruhe!

Den Mut, sich auch einmal bewusst zu verweigern, nicht immer bereit zu sein für die Wünsche und Erwartungen der anderen, nicht immer sofort zu springen, wenn jemand etwas von einem will, wer bringt ihn auf?

Nein zu sagen ist ein ganz wesentlicher Schritt auf dem Weg zur Ruhe. Nur wer es schafft, sich zu verweigern und auch dazu zu stehen, ohne schlechtes Gewissen, findet zur Ruhe.

Das Wesen der Angst

„Die Angst klopfte an die Tür, das Vertrauen öffnete, aber niemand war draußen." (Chinesisches Sprichwort)

Angst ist unser größter Feind und einer der bedrohlichsten Gegner unserer Ruhe.
Warum?
Weil wir selbst sie uns machen!

Unsere externen Feinde, die üblichen Verdächtigen, kennen wir. Normalerweise wissen wir auch, wie wir mit ihnen umgehen müssen, um sie „im Griff" zu haben. Bei unserer Angst ist das leider anders.

Sie tritt auf, wenn wir in der Zukunft leben statt in der Gegenwart, wenn wir darüber nachdenken, was alles passieren könnte, wenn wir uns darüber Sorgen machen, was schiefgehen könnte.

Angst ist aber auch ein Anzeichen für bevorstehende Veränderungen und die müssen nicht grundsätzlich schlecht sein. Wer sich verändert, kann wachsen, größer, weiser werden. Insofern muss die Angst, die auf Wandel hindeutet, kein böses Omen sein. Das Überschreiten der eigenen Grenzen kann auch ein Abenteuer, es muss nicht ein Zittern am Rande des Abgrundes sein.

Wenn wir keine Angst hätten beim Schritt hinaus ins Neue, Unbekannte, beim Überqueren der eigenen Grenzen, dann wären wir wohl zu zaghaft, der Schritt wäre anscheinend doch nicht so groß, wahrscheinlich nicht groß genug ...

Wir können unsere Angst für uns verwenden, anstatt sie gegen uns einzusetzen. Angst bedeutet immer auch Energie, Kraft, die sich nützen lässt, wenn wir lernen, sie zu kanalisieren, den Spieß umzudrehen, ihr und uns selbst zu sagen: „Jetzt erst recht! Jetzt zeige ich es dir und mir aber!"

Angst kann uns blockieren und einschränken oder uns verwandeln und befreien – je nachdem, was wir mit ihr machen!

Der US-amerikanische Schriftsteller Richard Bach (geboren 1936), der auch das bekannte Buch „Die Möwe Jonathan" geschrieben hat, zeichnet in seiner empfehlenswerten Erzählung „Illusionen" folgendes wunderschöne Bild: *„Was für die Raupe aussieht wie der Untergang der Welt, ist für den Schöpfer die Geburt eines Schmetterlings."*

Wie ich schon vorhin beim griechischen Stoiker Epiktet gesagt habe: Alles ist eine Frage der Perspektive. Versuchen wir nicht krampfhaft, unsere Angst loszuwerden. Umarmen wir sie lieber und schließen Freundschaft mit ihr.

Wenn wir uns mit unseren Ängsten anfreunden, sie besser kennen lernen wollen, um zu begreifen, dass sie gar nicht so bedrohlich sind beziehungsweise auf falschen Vorstellungen beruhen, können wir ihnen offenen Auges und mutigen Herzens entgegentreten. Dazu sollten wir eine Tabelle anlegen, die aus 3 Spalten besteht.

In die 1. Spalte tragen wir alle unsere Ziele ein, in die 2. die Ängste, die wir haben in Bezug auf diese Ziele. In die 3. Spalte schreiben wir mögliche Strategien, wie wir diesen Ängsten begegnen könnten.

Sagen wir, Sie möchten gerne einen Gedichtband schreiben, haben aber Angst, es nicht zu schaffen beziehungsweise zu versagen, weil Sie nicht an die Qualität Ihrer Poesie glauben.

Tragen Sie das Ziel „Ich will einen Gedichtband schreiben" nun in die 1. Spalte ein, Ihre Versagensangst in die 2. In die letzte der 3 Spalten könnten Sie nun zum Beispiel Folgendes schreiben: „Ich werde jeden Tag ein Gedicht schreiben."

Versuchen Sie, auch Ihre anderen Ziele und die Ängste auf dem Weg zu deren Verwirklichung zu identifizieren. Überlegen Sie sich, wie Sie durch kleine Schritte Ihren Ängsten ein Schnippchen schlagen können.

Um unserer Angst erfolgreich zu begegnen, müssen wir bereit sein, ein gewisses Risiko einzugehen. Ohne Fleiß kein Preis! Wer sich immer hinter der Tür versteckt, wenn das Neue hereinkommt, wird nie vom Fleck kommen. Lernen Sie, Risiken auf sich zu nehmen! Die meisten „Gefahren" sind nur vermeintliche Bedrohungen. Wir sind viel zu vorsichtig, um uns ernsthaft zu gefährden. Viele Dinge, die wir fürchten, existieren nur in unserer Einbildung.

„Mutig ist nicht, wer keine Angst hat, sondern, wer trotz seiner Angst Schritte setzt, sie zu überwinden." (Nancy Anderson, „Work with passion")

Wie können Sie Ihre Risikofreudigkeit steigern?

1. Beginnen Sie im Kleinen.
2. Holen Sie so viele Informationen wie möglich über ein etwaiges Risiko ein.

3. Fragen Sie andere Menschen um Rat. Es geht aber dabei nicht darum, deren Zustimmung einzuholen.
4. Fragen Sie sich selbst: „Was ist das Beste, was mir dabei passieren könnte?"
5. Fragen Sie sich selbst: „Was ist das Schlimmste, was mir dabei passieren könnte?"
6. Fragen Sie sich selbst: „Wie wahrscheinlich ist das Eintreten des Schlimmsten?"
7. Fragen Sie sich selbst: „Was würde ich machen, wenn das Schlimmste eintritt?" (Sollten Sie auf diese Frage keine Antwort wissen, sollten Sie das Risiko besser nicht eingehen.)
8. Fragen Sie sich selbst: „Was wird wohl passieren, wenn ich das Risiko nicht eingehe?" (Manchmal kann es genauso riskant oder sogar riskanter sein, etwas nicht zu tun.)
9. Bewerten Sie die Konsequenzen des eingegangenen Risikos: Hat sich alles so abgespielt, wie Sie sich das erwartet haben? Was war anders? Was können Sie daraus für das nächste Mal lernen?
10. Loben Sie sich selbst für das eingegangene Risiko und die dadurch erzielten Erfolge. Feiern Sie Ihren Erfolg und sich selbst, denn es ist Ihnen gelungen, ein risikofreudigerer Mensch zu werden und dadurch Ihren Handlungsspielraum auszudehnen.

Ruhe in Gott und ewige Ruhe

Die gläubigen Menschen unter uns finden Ruhe in Gott – zu Lebzeiten und nach ihrem Tod.

Nur wer die Ruhe in sich selbst herstellen kann, ist bereit, auf Gott zu hören, in ihm zu ruhen und auch zum Ruhepol für andere Menschen zu werden.

Der französische Abt Bernhard von Clairvaux (1091 bis 1153) schreibt in seiner „Rückkehr zu Gott" an den damaligen Papst:

„Wie kannst Du für andere als voller Mensch da sein, wenn Du Dich selbst verloren hast? Wenn Du Dein ganzes Leben und Erleben völlig ins Tätigsein verlegst und keinen Raum mehr für die Besinnung vorsiehst, soll ich Dich da loben? Darin lobe ich Dich nicht. Ich glaube, niemand wird Dich loben, der das Wort Salomos kennt: ‚Wer seine Tätigkeit einschränkt, erlangt Weisheit.' Und bestimmt ist es der Tätigkeit selbst nicht förderlich, wenn ihr nicht Besinnung vorausgeht."

Bernhard erkannte eine große Wahrheit: Nur wer sich selbst findet, zu sich selbst findet, nur wer in sich ruht, ist in der Lage, aus sich herauszugehen und für andere Menschen da zu sein.

Entsprechend setzt er fort:

„Wenn Du ganz und gar für alle da sein willst, nach dem Beispiel dessen, der allen alles geworden ist (1 Kor 9,22), lobe ich Deine Menschlichkeit – aber nur, wenn sie voll und echt ist. Wie kannst Du aber voll und echt Mensch sein, wenn Du Dich selbst verloren hast? Auch Du bist ein Mensch. Damit Deine Menschlichkeit allumfassend und vollkommen sein kann, musst Du also nicht nur für alle anderen, sondern auch für Dich selbst ein aufmerksames Herz haben."

Klare Worte eines großen Heiligen der katholischen Christenheit.

Ein anderer Heiliger, der heilige Augustinus (354 bis 430), schrieb in einer der ersten Autobiografien des Abendlandes, in seinen bewegenden „Confessiones", den „Bekenntnissen", dem Zeugnis einer irrenden, suchenden Seele, die zuletzt Ruhe und Frieden in Gott findet: *„Unruhig ist unser Herz, bis es ruht in dir, o Herr."*

Wenn wir für unsere verstorbenen Lieben beten und bitten, wünschen wir ihnen nichts mehr, als dass sie Frieden finden mögen: „Herr, gib ihnen die ewige Ruhe und das ewige Licht leuchte ihnen. Herr, lass sie ruhen in Frieden", beten Christen beim Requiem, der Totenmesse.

Zur letzten, zur ewigen Ruhe gelangen wir nicht mehr selbst; zu ihr werden wir gebettet, wenn wir unseren Lebensatem aushauchen.

Wenn der Trubel des Lebens sich dem Ende zuneigt, wenn wir die Probleme und Sorgen des Erdendaseins hinter uns lassen, dann finden wir hoffentlich die Ruhe, nach der wir uns ein Leben lang gesehnt haben und von der wir im Diesseits, zwischendurch, immer wieder kurz, für einen Augenblick, eine Vorahnung bekommen, einen winzig kleinen Zipfel erhaschen konnten.

Weitere Bücher

von August Höglinger

Umgang mit Angst

Es gibt kein angstfreies Leben. Und das ist gut so. Weil die Angst eine Art Warnsignal ist, sollten wir nicht daran arbeiten, sie auf Dauer loszuwerden. Aber wir können und sollten lernen, mit ihr umzugehen, sie nicht als Bedrohung oder gar als Feind anzusehen. Wenn wir es schaffen, sie in unser Leben zu integrieren, kann sie sich zu einem hilfreichen Freund entwickeln.

ISBN: 978-3-9501137-8-5

Männer – was Frauen über sie wissen sollten

Wer versteht schon die Männer? Wo sie sich doch kaum selbst verstehen. Dieses Buch dient als Reiseführer ins weite Land der männlichen Seele. Es erzählt von den Ängsten, Sehnsüchten und Schwächen des „starken Geschlechts" und stellt dabei mutig kritische Fragen. Problematische Themen, wie zum Beispiel „Sexualität", „Mannwerden" oder „Die Schwiegermutter", werden dabei direkt angesprochen. Der Autor und Coach August Höglinger beschäftigt sich seit mehr als 20 Jahren intensiv mit dem Thema „Männer". In regelmäßig stattfindenden Seminaren und Vorträgen gibt er seine Erfahrungen weiter und sammelt dabei selbst neue Erkenntnisse. Im Buch „Männer – was Frauen über sie wissen sollten" bietet er Einblick ins Denken, Fühlen und Handeln der Spezies „Mann".

ISBN: 978-3-9501137-7-8

Inthronisation

In diesem Buch werden die wesentlichen Rituale der Übergabe von Führungsmacht beschrieben. Werden bei der Verabschiedung des „alten Regenten“ und bei der Einsetzung des „Thronfolgers“ auch nur kleinste Fehler gemacht, so kann das weitreichende negative Folgen für das Unternehmen, die Mitarbeiter und die Führungskraft selbst haben. Dieses Buch leistet einen wichtigen Beitrag zur erfolgreichen Neubesetzung von Führungspositionen. Ein Ratgeber für alle, die für die Wahl des richtigen Kandidaten verantwortlich zeichnen. Chefs, Personalberater, Trainer und Regenten in spe sind eingeladen, die Spielregeln der Inthronisation kennen zu lernen.

ISBN: 978-3-9501137-4-7

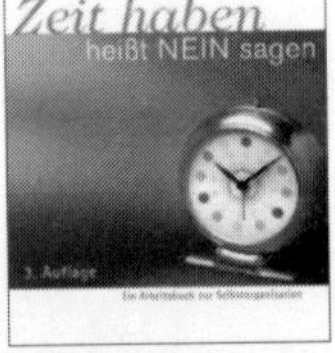

Zeit haben heißt NEIN sagen

NEIN sagen ist eine Schlüsselqualifikation für den Umgang mit der Zeit. Die vorgeschlagenen Methoden, Tipps und Anregungen sind zu 100 Prozent in der Praxis umsetzbar, einfach anwendbar und äußerst wirkungsvoll. Das Arbeitsbuch besteht aus 52 Arbeitsblättern (für die Wochen des Jahres). Es begleitet Sie im Idealfall ein Jahr lang als Ihr persönlicher Berater oder Coach und verhilft Ihnen bei konsequenter Anwendung zu mehr Zeit und Lebensqualität.

ISBN: 978-3-9501137-0-9

Lebensziele finden

Sie suchen neue Perspektiven in Ihrem Leben? Stellen sich immer öfter die Frage nach dem eigentlichen Sinn Ihres Lebens? Finden Sie Ihr Lebensziel und machen Sie sich auf den Weg. Denn der erste Schritt zählt. Zehn Fragen (im beiliegenden Arbeitsbuch) helfen Ihnen, Ihre persönlichen Antworten zu finden. Dieses Buch dient als Wegweiser und Begleitung auf dem Weg zu einem erfüllten Leben.

ISBN: 978-3-9501137-6-1

Die Sprache des Körpers

In diesem Nachschlagewerk der Körpersprache erhalten Sie Antworten auf folgende Fragen:

- Was sagen mir Haltung und Stand eines Menschen?
- Was kann ich aus dem Sitzen und Gehen ablesen?
- Welche körpersprachlichen Hinweise bekomme ich bei einer Begrüßung?
- Wie deute ich Gestik und Mimik richtig?
- Welche Rolle spielen die Sinnesorgane in der Körpersprache?
- Welche animalischen Gesetze wirken hinter der Sprache des Körpers?

Wenn Sie körpersprachliche Ausdrücke besser verstehen oder ihre eigenen klarer kommunizieren wollen, dann schlagen Sie in diesem Wörterbuch nach.

ISBN: 978-3-9501137-5-4

Grenzen setzen bei Erwachsenen

In diesem Buch geht es um die Grenzen und Reviere bei Erwachsenen im privaten und beruflichen Umgang miteinander. Es soll jenen helfen, die sich schwertun, Grenzen zu setzen und NEIN zu sagen. Zahlreiche Vorschläge und Übungen zur Lösung von Grenz- und Revierproblemen werden angeboten. In 29 lebensnahen Geschichten kann sich jeder mühelos mit den behandelten Problemstellungen identifizieren.

ISBN: 978-3-9501137-1-6

Loslassen ohne zu vergessen

Wie ich loslassen lernen kann: Dieses Buch ist ein praktischer Ratgeber zum Loslassen. Sie lernen die zehn Schritte des Loslassens, die im Todesfall oder bei einer Trennung zu gehen sind. Wertvolle Hinweise zum Trauern und zum Umgang mit Trauernden ergänzen die zehn Schritte des Loslassens. Sie werden wieder frei – ohne das Vergangene vergessen oder verdrängen zu müssen.

ISBN: 978-3-9501137-3-0

Lust auf Meditation

Sie sollten dieses Buch lesen, wenn Sie nach Klarheit in wichtigen Fragen und Entscheidungen suchen, wenn Sie innerlich ruhiger und ausgeglichener werden wollen, wenn Sie das Meditieren praktisch erlernen oder einfach nur Grundlegendes über Meditation erfahren möchten. Meditationslehrer, Coach und Autor August Höglinger gibt Antworten auf Fragen, die sich jeder einmal stellt.

ISBN: 978-3-9501137-2-3

Das Leben entrümpeln

Im Lauf eines langen Lebens sammelt sich vieles an. Manches trägt man ständig mit sich herum. Anderes füllt Kästen und Schränke, verbraucht Platz auf dem Dachboden oder im Keller. Jede Menge Gerümpel wird auch in der Seele und im Geist angesammelt. Viele Menschen wissen nicht, wie man richtig entrümpelt und manche entsorgen dabei das Falsche. Zutiefst in ihrem Inneren sehnen sie sich danach, ihr Leben zu entrümpeln.

ISBN: 978-3-9501137-9-2

CDs

von August Höglinger

Das Leben entrümpeln

Vortrag – Studioaufnahme
ISBN: 978-3-902410-12-2

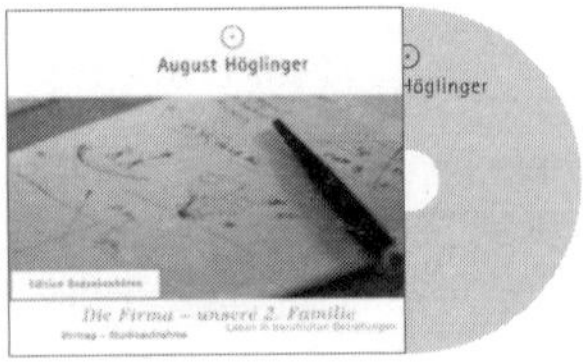

Die Firma – unsere 2. Familie

Vortrag – Studioaufnahme
ISBN: 978-3-902410-04-7

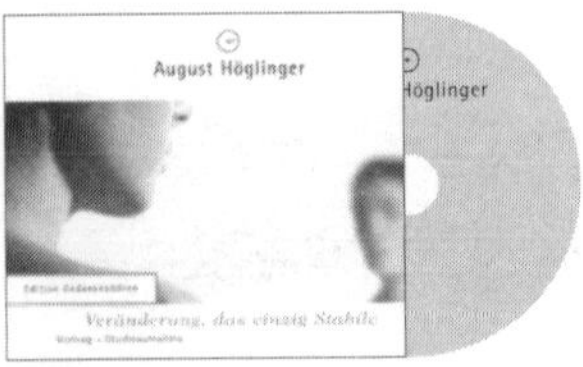

Veränderung, das einzig Stabile

Vortrag – Studioaufnahme
ISBN: 978-3-902410-03-0

Grenzen setzen bei Erwachsenen

Vortrag – Studioaufnahme
ISBN: 978-3-902410-01-6

Lebensziele

Vortrag – Studioaufnahme
ISBN: 978-3-902410-09-2

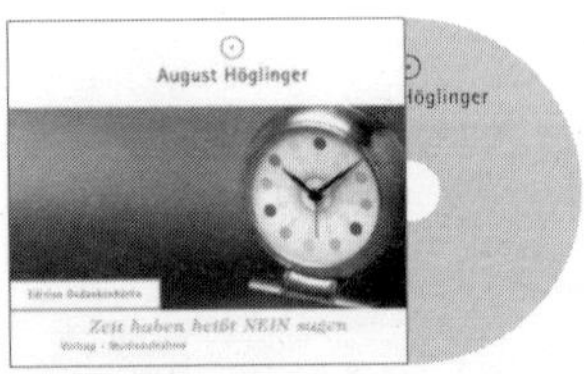

Zeit haben heißt NEIN sagen

Vortrag – Studioaufnahme
ISBN: 978-3-902410-00-9

CDs

von August Höglinger

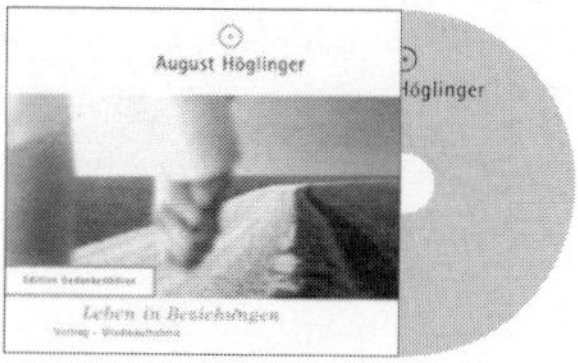

Leben in gelungenen Beziehungen

Vortrag – Studioaufnahme
ISBN: 978-3-902410-06-1

Männer – was Frauen über sie wissen sollten

Vortrag – Studioaufnahme
ISBN: 978-3-902410-07-8

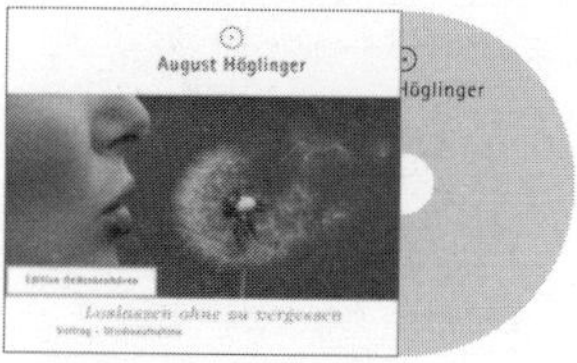

Loslassen ohne zu vergessen

Vortrag – Studioaufnahme
ISBN: 978-3-902410-08-5

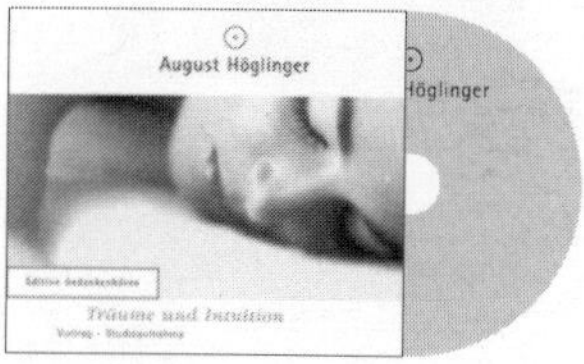

Träume und Intuition

Vortrag – Studioaufnahme
ISBN: 978-3-902410-05-4

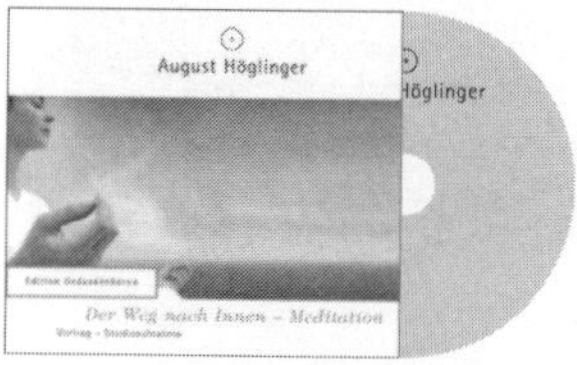

Der Weg nach Innen – Meditation

Vortrag – Studioaufnahme
ISBN: 978-3-902410-02-3